W0234362

Anton Kimpfler

Kinder bringen die Welt weiter

Anton Kimpfler

Kinder bringen die Welt weiter

Auch Erwachsene spielen eine entscheidende Rolle dabei

Verlag Ch. Möllmann

Umschlagentwurf: Barbara Wagner

Erste Auflage 2016

Alle Rechte vorbehalten
Copyright © by
Verlag Ch. Möllmann
Schloss Hamborn 94, D-33178 Borchen
Tel. 0 52 51 / 2 72 80
Fax: 0 52 51 / 2 72 56
www.chmoellmann.de
Herstellung:: Frich Kreativbüro und Onlinedruckerei e.K., Krumbach

ISBN 978-3-89979-241-6

Inhalt

Von vielen angeregt...9

Die Himmelsmacht des Kindes.............................19

Pädagogik als schöpferisches Abenteuer...................30

Weltenschulen schaffen...53

Mit dem Sonnenheiland lernen.............................69

Gewidmet dem Chor all der Ungeborenen,
die mit Erdenmenschen zusammen
eine heilsamere Zukunft vorbereiten

Von vielen angeregt

Mehr denn je ist diese Schrift anderen Menschen, Gruppen und Initiativen zu danken. Eine ganze Litanei von Namen wäre nötig, um all jene anzuführen, mit denen ich selber lernen durfte, was unsere pädagogische Zukunft betrifft.
Als erstes sei gedankt, dass das Hereinkommen von Kindern in vielen Familien mitbegleitet werden durfte, denen ich näherstand und wo mannigfache Aufenthalte möglich waren. Seltsamerweise fand das einen Höhepunkt in der Zeit, wo ich selber zwischen 30 und 33 Jahre alt war.
Dies hängt mit jener biographischen Phase zusammen, wo das eigene „Geisteskind im Seelenschoß" (nach dem von Rudolf Steiner geprägten Weihnachtsspruch im „Anthroposophischen Seelenkalender") gezeugt beziehungsweise wiedergefunden werden kann. Da ist aufzugreifen, was mit der himmlischsten Zeit des eigenen Lebenslaufes zwischen 0 und 3 Jahren in Verbindung steht.
Solches bekommen wir am wenigsten mit. Doch 30 Jahre später ist es neu zu ergreifen, ja bewusster zu erkennen.
Um so besser, wenn das von der Nähe äußerer Menschenkinder mitveranschaulicht und bekräftigt wird. Ferner lässt sich das nochmals drei Jahrzehnte später, im Alter zwischen 60 und 63 erneut stärker erfahren, wo ich ans Verfassen dieser Schrift herantrat.
Der Rhythmus von 30 bis 33 Jahren hat mit einem Christus-Bezug in unserer Biographie zu tun. Dreimal oder gar viermal (zwischen 90 und 93) kann da eine Phase durchzumachen sein, in welcher ein ganz besonderes Himmelstor die Erdendüsternis durchstrahlt.

Wie nun wohl meistens, war auch bei meiner Kindheit das Lichtvolle mit viel Finsterniskräften vermischt. Vor allem beim Eintritt in die Staatsschule tat sich ein recht brüchiges Gelände auf.

Allerdings lehnte sich etwas in mir auf, als von einem durchaus nicht unsympathischen Lehrer die Äußerung kam: Er garantiere, dass aus mir nichts Ordentliches werden könnte. Das war in jener Zeit kurz nach der Pubertät, wo erste politische Jugendproteste für mich zum Durchbruch gelangten. Kurzzeitig wurde ich bester Schüler, aber bald begann etwas wie eine seelische Lähmung. Ich ließ alles nur noch an mir vorbeiziehen, um mich vom Paukunterricht nicht krankmachen zu lassen.

Zum Glück wurden meine lebendigen geistigen Interessen nicht gebrochen, sondern sie gingen beständig weiter, über ein ziemlich freies Studieren an der Universität Tübingen bis hin zu einer immer selbständigeren Mitarbeit im Verlag „Die Kommenden" in Freiburg. Dort lernte ich die praktische Seite vom Herstellen von Zeitschriften und Büchern auch bis in ökonomische Belange gründlich kennen. Zudem trat ein Mitorganisieren verschiedenster Kulturveranstaltungen hinzu.

Auch kam es zur Mitarbeit bei der Zeitschrift „Der Elternbrief", wodurch ich genötigt war, mich mehr mit Erziehungsfragen zu befassen. Da stand die Waldorfpädagogik im Mittelpunkt. Doch reichte auch vieles darüber hinaus. Mitwirkende an der Zeitschrift lernte ich bei Seminaren näher kennen. Neben der Elternbrief-Redakteurin Elisabeth Klein war das unter anderem Jakob Streit, der seine pädagogische Kundigkeit in viele Bücher auch für junge Menschen einfließen ließ.

Ebenfalls nahm ich am Wirken von Alfred Baur teil mit den Anfängen seiner Chirophonetik. Über ein Begleiten von Lautbewegungen zum Beispiel auf dem Rücken kann da eine Hilfe gegeben werden, nicht nur fürs Sprechenlernen, vielmehr auch für ein besseres Leibesergreifen überhaupt.

Durch andere Seminare übers Naturerkennen auf der Schweigmatt bei Schopfheim erfolgte eine Bekanntschaft mit Michael Schubert, um auch das Werden der Kaspar Hauser-Schule mitzuerleben. Auf einem früheren Bauernhof wurde insbesondere auch die Arbeit mit Tieren eine Unterstützung, damit junge Menschen sowohl mit einem Ordnen ihres Seelischen als auch der Geschicklichkeit in Bezug auf den Körper besser zurechtkamen.

Was einen problematischen Einfluss der technischen Medien in dem Prozess des menschlichen Heranwachsens betrifft, habe ich besonders viel von dem gründlichen Befaßtsein durch Heinz Buddemeier lernen können. Nebenher war ich sehr häufiger Gast in der Familie von ihm und seiner Frau Barbara, jahrelang fast monatlich, so dass das Gedeihen der vier Kinder miterlebt werden konnte.

Durch Heinz Buddemeier kam es auch zum Begegnen mit Ivan Illich. Da konnte gespürt werden, wie vor allem eines im Mittelpunkt der Pädagogik stehen sollte: die unmittelbare Beziehung zum heranwachsenden Menschen selber.

Eine weitere wertvolle, durch Heinz Buddemeier vermittelte Begegnung war jene mit Peter Schneider, der über die Universität Paderborn sehr viele Studierende in zentrale Anliegen der Waldorfpädagogik einführte. Dabei ging es insbesondere um jene soziale Hebammenkunst nach Sokrates. Durch sie soll das eigentlich Menschliche mittels des Bezuges zum Kindeswesen zum stufenweisen Herausgeborenwerden geführt werden.

Reiche Erfahrung als langjährige Waldorfschulklassenlehrerin konnte Erika Eckert, die Schwester von Heinz Buddemeier, immer wieder bei verschiedenen Gelegenheiten einbringen. Im Zusammenhang mit der Anthroposophischen Friedensinitiative in Kiel war auch bei ihr intensives Familienleben mitzubegleiten.

Sehr herzlich empfangen war ich immer wieder in der Familie von Claus und Deirdre Boysen, zuerst in Oldenburg (Niedersachsen) und dann in Altrip bei Mannheim. Am Heranwachsen ihrer drei Jungen war innig teilzunehmen.

Es kam so auch einige Zeit zu einer schönen Verbundenheit mit der Freizeitschule in Mannheim. Diese wuchs aus dem Rahmen einer dortigen waldorfpädagogischen Einrichtung hervor und war offen für vielfältiges aktives Betätigen von Jüngeren sowie Älteren.

Ebenfalls mit Innigkeit konnte auch eingetaucht werden in die lebhafte Familiensituation von Martin und Marlis Gmeindl. Zunächst geschah das im Umfeld vom Gemeinschaftskrankenhaus von Herdecke und dann noch in der Nähe von Graz (österreichische Steiermark).

Was schöpferisches Sprachlernen betraf, wurde Heinz Frankfurt mein wertvollster Anreger. Über den Verlag Die Kommenden und den Vorläufer der jetzigen Zeitschrift „Wege" kam diese Verbindung zustande. Zeitweise war auch er im Krankenhaus Herdecke tätig.

Danach ging es für Heinz Frankfurt nach Dortmund ins Altersheim vom Pädagogisch-Sozialen Zentrum. Wichtige Aktivitäten mit ihm waren in den Studienhäusern Rüspe und Hof Sonneborn im Sauerland möglich.

Ein intensives, überzeugendes Sprachüben wurde ebenso mit Karl Rössel-Majdan möglich. Er war besonders vielseitig tätig, sowohl in bezug auf anthroposophische Erkenntnisarbeit, waldorfpädagogische Bemühungen und seinen Einsatz für eine Unabhängigkeit der Kultur, auch bis in die österreichische Politik hinein (vor allem in den 17 Jahren seiner leitenden Tätigkeit innerhalb der Gewerkschaft für Kunst, Medien und freie Berufe).

Mit Karl Rössel-Majdan zusammen ließ sich eine Theater-Tagung in Wien organisieren. Unter anderem konnte einer der weltweit beliebtesten Autoren für Jugendbücher gewonnen werden: Michael Ende.

Es war eine Freude, diesem auch tief mit der Anthroposophie verbundenen Schriftsteller zur Vorbereitung in seinem Haus südlich von Rom zu besuchen. Das geniale Momo-Buch verbreitete sich damals weit über die Welt, bis nach Asien. In Wien erschien Michael Ende mit seiner japanischen Übersetzerin.

Momo besteht einen Kampf mit den grauen Herren, welche uns die Zeit stehlen wollen. Das ist eine eindrucksvolle Bestärkung fürs Ringen, nicht nur des jungen Menschen, mit ahrimanischen Wirksamkeiten.

Und damals arbeitete Michael Ende an „Die unendliche Geschichte". Hier ging es um allzu phantastisches luziferisches Verirren. Das packte den Autor ganz anders.

Er wollte gezeigt sehen, dass eine künstlerische Umsetzung durch Film möglich sei. Beim Großunternehmen mussten Kinoproduzenten aus den Vereinigten Staaten von Amerika einsteigen, sonst wäre das nicht bezahlbar gewesen. Der eigentliche Inhalt erfuhr eine Entstellung ins Groteske.

Michael Ende verlor die Einflussmöglichkeit. Und auch eine schöne vorherige partnerschaftliche Beziehung endete in leidvoller Gebrochenheit.

Wertvollste menschlich-pädagogische Erfahrungen sind auch der Zusammenarbeit mit Evmarie Herold zu verdanken. Ihr Mann Wilfried hatte mit waldorfpädagogischen Anfängen im österreichischen Mariensee (bei Aspang) zu tun. Dann wurde mitgeholfen, dass eine an Wien grenzende Schule von Mödling, die schon als Landinitiave gelten wollte, etwas südlicher zog: nach Schönau bei Leobersdorf.

So kam die erste etwas größere Waldorf-Landschule in Österreich zustande. Ein Kindergarten trat hinzu. Und wie es sich gehört auch vielfältige Aktivitäten einer freien Erwachsenenbildung.

Evmarie Herold war die Bekanntschaft mit Maria Celia Guedes und sodann eine intensive Verbindung mit Brasilien zu verdanken. Es kam zur Mithilfe am Aufbau eines Hauses mit viel Kultur in Passa Quatro (Bundesstaat Minas Gerais). Dies kam einer großen Zahl von jungen Menschen zugute.

Weitere Aktivitäten in Brasilien folgten, ebenfalls verbunden mit verschiedenen pädagogischen Initiativen. Eindrucksvoll war das Kennenlernen der Favela Monte Azul in Sao Paulo.

Dort gelangten waldorfpädagogische Ansätze auch an Menschen heran, die unter dürftigsten Bedingungen lebten und so neue Hoffnung schöpfen konnten. Selten habe ich glücklichere Kinder erlebt wie dort.

Über das Studienhaus Hof Sonneborn im Sauerland war es zur Begegnung mit Maria Celia Guedes gekommen. Von dort aus ist auch ein Überbrücken nach Spanien hin entstanden: durch ein Kennenlernen von Ines de Esteban und vor allem Leonor Delgado.

Diese bauten Casa San Martin in der Provinz Segovia auf. Das war gleichfalls eine Stätte, an der sich Gruppen junger Menschen aufhalten und betätigen konnten – neben einer Vielfalt von Seminaren für Erwachsene.

Über einen Zeitschriftenaufsatz geschah ein Durchdringen des Eisernen Vorhanges und ein Besuch in Rumänien noch im Jahre 1988 unter der Diktatur eines Nicolai Ceaucescu. Die eindringlichen Begegnungen nahmen ihren Ausgang über Zoltan Labancz und seine Frau Emilia, mit ihren vier Kindern.

In Rumänien folgten verschiedene weitere Aktivitäten, wo pädagogische Bemühungen einbezogen waren. Besonders erfreulich wurden die Besuche an der Waldorfschule Rosia (Bezirk Sibiu), welche auch Kindern von einheimischen Zigeunern (sie bestehen selber auf dieser Bezeichnung) offensteht.

14

Regelmäßig war dort mit Schülern aus oberen Klassen zu arbeiten. Bei den Vorträgen für Erwachsene fielen Zigeunerfrauen mit ihren farbigen Kleidern auf.

Eine echte kleine Kulturstätte war jahrelang der Paracelsus-Kindergarten, den Maria Luisa Nüesch in Malans (Graubünden) aufbaute. Viele Mitwirkende auch aus dem Norden begleiteten die dortige Arbeit.

Zum Beispiel kam der pensionierte Heilpädagoge Max Fuchsmann regelmäßig dorthin. Er bildete als Älterer in der lebhaften Kinderschar einen schönen Ruhepunkt.

Vor allem hatte Werner Kuhfuss mit seinen wertvollen Bewegungsspiel-Aktivitäten einen festen Bezug dorthin, nachdem er vorher in Schweden seine heilpädagogischen Erfahrungen weiterentwickelte. Dies geschah auch in Järna an einer besonderen Einrichtung, Solvik (vorher Nibble-Schule), welche später durch die Methode der intuitiven Pädagogik bekannt wurde.

Als namhafter Vertreter davon kann Pär Ahlbom gelten. Bis ins späte Alter hinein begleitete ihn eine spielerische Kreativität.

Mit Anregungen aus Järna, aber doch auf ganz eigene Weise entwickelte sich die Waldorfschule von Delsbo, mehrere Fahrtstunden nördlich von Stockholm. Da wurde ebenfalls das sogenannte bewegte Klassenzimmer aufgegriffen.

In Solvik verbrachten die Schüler regelmäßig ausreichend Zeit mit spielerischer Tätigkeit. Intensive Naturerfahrung sowie handwerkliche Beschäftigung kam in Delsbo dazu.

Lena Forsberg hatte zeitweise auch auf Solvik gearbeitet und war dann mitverantwortlich für die Entstehung der Maria-Schule in Järna. Dort wurde ebenfalls versucht, alles Unterrichten in einem möglichst lebendigen Fluss zu halten.

Mit schwedischen Anregungen ging auch eine pädagogische Arbeit in Vihti in Finnland voran (nordwestlich von Helsinki.)

Das hing einerseits mit einem von Marja Mannaberg aufgebauten Kindergarten zusammen.

Der Eurythmist und Gesangslehrer Dietrich Mannaberg baute zum anderen eine bäuerliche Arbeit auf, wo auch der Umgang mit Tieren dazugehörte – und viel lebendiges Lernen mit Erwachsenen zusammen.

Wertvoller ließ sich eine naturhaft-soziale Lernstätte kaum denken. Immerhin war dies für einige Jahre dort möglich.

Werner Kuhfuss brachte seine spielerische Bewegungsarbeit gleichfalls dorthin. Vor allem aber konnte sie beitragen zum Aufbau der Freien Schule Elztal. Diese war ab dem Jahr 1986 ein Leuchtpunkt neuer Impulse für die Waldorfpädagogik.

Solch einer Aufgabe widmeten sich auch Begegnungen zur Osterzeit im Albertus Magnus-Haus von Freiburg: von 1989 bis 2001. Da trafen sich Menschen aus verschiedenen schon genannten Initiativen und weiteren europäischen Ländern zum Erfahrungsaustausch.

Gemeinsam war ihnen, dass sie neue Wege für ein freies pädagogisches Wirken suchten in Verbindung mit der anthroposophischen Geisteswissenschaft und über ein kreatives Umsetzen für die alltägliche Praxis. Als ein hoffnungsvoller Beitrag am Übergang ins dritte Jahrtausend konnte dies gelten.

Ganz stark war auch hier mittragend die durch Friedrich Schiller inspirierte Schule des Spieles von Werner Kuhfuss sowie seiner finnischen Lebensgefährtin Mervi Mansikkala.

Etwas davon ging durch die Schweizerin Barbara Hamblett bis nach Neuseeland. So konnte auch von mir erfahren werden, dass wegen der stärkeren Einbeziehung der Süderde in ätherische Kräfte die von Werner Kuhfuss entwickelten Spielübungen dafür wie geschaffen waren.

Friedrich Schiller stellt über seine Briefe zur ästhetischen Erziehung fest: Wir sind nur richtig Mensch in einer spielerischen Verfassung.

Dies will besagen, dass weder zu sehr an Irdisch-Starrem noch am Intellektuell-Verkopften gehangen werden darf. Sondern dazwischen gilt es einem freien Spiel herzhaft-schöpferischer Kräfteströme nachzustreben und diese weiterzuverbreiten.

So kann das gesamte soziale Leben davon befruchtet sein. Zugleich soll sich eine ständige neue Offenheit für geistiges Inspiriertsein der Pädagogik und vom Menschwerden überhaupt eröffnen.

Sehr konkret konnte solches erlebt werden beim Stables-Projekt in York (England). Der Name geht auf das langjährige Arbeiten im Gebäude von einem ehemaligen Pferdestall zurück.

Zunächst war ein ziemlich selbständiges Oberstufenprojekt an der Steiner-School von York gelaufen. Als dies nicht weiterging, starteten die beteiligte Linda Fryer und andere einen aufregenden neuen Versuch.

Der hatte Platz für junge Menschen, denen herkömmliche Waldorfeinrichtungen nicht mehr passten oder auf keinen Fall mehr staatliche Institutionen – ja am liebsten überhaupt keine Schule!

Stables lief so unkonventionell, rein menschlich und partnerschaftlich – ohne Dominanz irgendwelcher Lehrerpersonen –, dass dies zu akzeptieren war. Der Schreiber dieser Zeilen sagte nach einer ganzen Reihe von dortigen Aufenthalten: Es ist die einzige Schule, wo ich auch noch hineinpasse.

In der Tat war immer wieder ein erstaunlicher Erfahrungstausch möglich: über den Umgang mit Ängsten sowie anderen psychischen Herausforderungen, Gesundheitsfragen oder das Verhältnis von Freiheit und Liebe.

Sicherlich, diese jungen Leute hatten oft schon Schwierigstes mit Eltern, verschiedenen Schulen oder der modernen Zivilisation insgesamt erlebt – und manche Probleme in bezug auf sich selbst. Dennoch kam es stets wieder zu ergreifenden Begegnungen. Das hing schon damit zusammen, dass die verantwortlichen Erwachsenen ein familiär-freundschaftliches Begleiten ermöglichten, ohne sich über jemanden zu erheben.

Solches gehörte auch zum Anliegen von Boris Starostin, der in Moskau sowie Monino (nahe der Wolga-Quellen) ebenfalls an pädagogischen Initiativen mitwirkte, die ein lernendes Miteinander anstrebten – jenseits von intellektueller Distanz oder moralisierendem Zeigefinger.

Nur so kann geholfen werden, dass das umkämpfte kindliche Hereinkommen und ein Weiterschreiten im Jugendalter dennoch auf einem guten Weg bleibt oder wieder dazu hinzuleiten ist – so, dass der einzelne ein Vertrauen zu sich, zum Leben und zur Zukunft behält beziehungsweise zurückgewinnt. Dies stellt das Wichtige dar, was sich Heranwachsenden mitgeben lässt.

Die Himmelsmacht des Kindes

Kinder geben uns die Gelegenheit, das eigene Menschsein neu zu entdecken. Durch sie treten Impulse auf unsere Erde, die das ganze Leben weiterbringen.

Was wir selber als Ursprünglichkeit in uns tragen, wird durch Begegnung mit Kindern tief angesprochen oder geradezu belebt. Und das hilft, dass Erneuerndes ins gesamte Erdendasein übergehen kann.

Etwas von der kosmisch-geistigen Herkunft unserer selbst beginnt sich mehr zu regen in der Begegnung mit einem Kind. Angesprochen wird im eigenen Wesen, was mit göttlichen Weltbezügen zusammenhängt.

Indem wir teilnehmen am Hereinkommen von Kindern auf die Erde, wird eine Erinnerung an höhere Vorstufen geweckt, von denen aus einst ins äußere Dasein getreten wurde. Im Verborgenen von jedem lebt eine Bezogenheit darauf.

Mit dem eigenen Himmelsanteil hängt dies zusammen. Es ist etwas von einer Ungeborenheit des Menschen, wie Rudolf Steiner dies des öfteren ausdrückte.

Eine Art von Säule aus Geisteswelten ragt mit dem Kind in die Erdengefilde hinein. So kann das auch Stütze für jene werden, die dem äußeren Weltentreiben häufig allzu sehr ausgeliefert sind.

Allerdings wissen diese meist nichts Besseres zu tun, als das Kind stets früher von seinen höheren Anbindungen loszureißen und den Erdenbelastungen auszuliefern. Dadurch geht um so schneller verloren, was an Himmelsgaben mitgebracht wird. Beziehungsweise diese erfahren ein tragisches Entstellen!

Reicher denn je ist eigentlich, was Kinder heute an kosmischer Spiritualität mitbringen. Eben deshalb kann solch ein drastisches Missleiten geschehen, sei es durch materielle sowie inzwischen vor allem elektronische Verführungen oder leider auch durch viele falsche Erziehungsansätze – die schon möglichst früh lenken und steuern wollen, was ein freies spielerisches Entfalten bräuchte.

Wie bereits das Wort verrät, „zieht" da etwas am Kinde. Stattdessen sollte es Anregungen bekommen, mit denen es selbst weiterzuschaffen vermag.

Entscheidend ist, ob das Kind die seinem Wesen gemäßen Hilfen erhält, mit denen es spielend so umgehen lernt, dass daraus eigene Fähigkeiten erwachsen. Kein erzieherisches Dirigieren also, sondern ein immer freilassenderes Begleiten.

Natürlich darf auch nicht geradezu eine Verklärung seines Wesens einsetzen. Vor allem wenn dann noch von sogenannten Sternenkindern geschwärmt wird, welche angeblich bereits alles können und schon wie kleine Erwachsene zu behandeln wären!

Mitnichten! Gerade begabtere Kinder brauchen eine ausgeglichene Begleitung, sonst wird manches zu sehr in irdische Vereinseitigungen gerissen. Der Ernst des Lebens tritt dann in überwältigender Stärke auf. Ja es können mitunter allzu bald vergreisende Tendenzen auftreten.

Weder soll das Kind bloß sich selber überlassen, aber auch nicht manipuliert und ebensowenig zu sehr angehimmelt werden. Gelebte Sittlichkeit sowie kreative Beweglichkeit von Erwachsenen sind der beste Beistand für es, ferner eine möglichst naturhafte Umgebung – ohne zuviel technische Überwältigung.

Mit einem Überschuss an Lebendigkeit fangen Kinder ihren Erdenweg meist an. Das soll weder verfrüht ausgeplündert noch gar unterdrückt werden. Sonst treten bald irgendwelche Zusammenbrüche auf.

Vielmehr gilt es das zum Glück sprühende Kindesleben durch schönes Begleiten so einzubinden, dass dieses seine gesamte Inkarnation hindurch tragend sein kann. Wer zu lasch bleibt oder allzu dirigistisch einzugreifen versucht, mag mit immer noch chaotischeren Verhaltensweisen seitens der Jüngeren konfrontiert werden.

Existieren zuviel äußere Festlegungen, rebellieren die Kinder ganz instinktiv dagegen an. Zunehmend aber werden sie davon krank und resignieren gar. Das ist für sie fatal sowie für unsere ganze Gesellschaftszukunft.

Kinder kommen nicht bloß wegen sich und auch keineswegs nur um ihrer Eltern willen. Sie sind eine Zukunftsgabe für die gesamte Gesellschaft.

Freilich muss dann bei den Älteren die Bereitschaft vorhanden sein, sich ständig neu in Frage stellen zu lassen. Falls nicht genug Platz vorhanden ist für möglichst ungetrübtes Kindeswerden, rauben wir uns wertvollste eigene Entwicklungschancen.

Jeder Erwachsene ist selber einmal mit einem kindlichen Lebensquell in Verbindung gewesen. Vieles wurde leider eher zum Versiegen gebracht, statt beim Weiterfließen gefördert.

Deshalb erfahren wir nun so zahlreiche soziale Verhärtungen, gegen die äußerliche Reformversuche kaum noch ankommen. Dafür bräuchten wir mehr von der lebendigen Quellkraft des Kindes.

Eigentlich möchte sich diese reicher verströmen denn je. Die Seelen, welche uns nachfolgen, haben eine immer intensivere kosmische Vorbereitung hinter sich.

Anders als vieles im äußerlicheren Geschehen zogen wiederkehrende Seelen aus der Vergangenheit intensive Lehren und möchten Impulse aus dem Vorgeburtlichen mitbringen. Damit soll an einem gesunden Wandel verhärteter irdischer Sozialstrukuren mitgearbeitet oder wenn notwendig dagegen angekämpft werden.

Leider tobt nun eine fortwährende widersacherische Kriegführung gegen die vorgeburtlichen Helferkräfte. Gigantische Scharen von Kindern sitzen vor aggressivem Internetgezänk und widmen sich brutalstem Computerspiel. Tiefer gesehen wird dadurch wegzufegen oder zu zersetzen versucht, was an heilsamen Himmelshilfen ins Erdentreiben einziehen könnte.

Sozusagen ein kindliches Seelenmorden in globaler Dimension! Ja man macht hiermit noch gigantische Geschäfte! Leider werden genau jene Geistesimpulse missleitet, welche nötig wären zum sinnvollen Wandeln des Erwachsenendaseins.

Die Strafe folgt sozusagen bei Fuß. Den Älteren fehlt genau jene Unterstützung, ohne die sie aus ihrer eigenen Misere nicht herausgelangen. Was daraus resultiert, ist eine insgesamt verkehrte Gesellschaftstendenz: Erst leitet man die Jüngsten in schlimmste elektronisch-materielle Abhängigkeit und dann zieht solches in die ganze Menschheit ein.

An sich könnte eine völlig neue Mysterienerwartung hinsichtlich der Nachkommen auftreten. Sie bringen das mit, was wir fürs eigene und auch gemeinsame Voranschreiten benötigen.

Zu guter Entfaltung kann dies jedoch nur kommen, wenn mit den Jüngeren um schöne sowie ehrliche soziale Zusammenhänge gerungen wird. Dann führen wir uns gegenseitig weiter – statt einander in miserablere, ja geradezu stickig-versumpfte Verhältnisse hineinzureißen.

Stets früher tritt sodann auf, was ein völliges Erschöpftsein bedeutet: für Körper, Seele und Geist zusammen. In der verheißungsvollsten mittleren Phase der Biographie fühlt sich das Individuum dann erledigt – ausgebrannt.

Das eigene Wesensfeuer ist wie verzehrt. Der Lebensstrom droht zu versiegen. Und trotzdem muss solches passieren.

Am Todespunkt ist der Mensch, sei es im Übergang zum Älterwerden, aber manchmal auch schon als anfänglicher Erwachsener oder gar in der Jugendzeit.

Meist lehnt sich bei Kindern erst einiges dagegen auf, wird rabiat oder leider bald erschöpft. Die einen erscheinen hyperaktiv, andere verstockt oder gar autistisch. Oft ist es auch eine wechselnde Mixtur.

Zudem wird eine Kinderschar meist von einem recht elementarischen Toben begleitet. Die Unruhe der Welt tritt häufig noch gesteigert auf, wenn eine Gruppe von Heranwachsenden zusammenkommt.

Deshalb braucht es mehr Gelassenheit unter Erziehenden, aber auch desto natürlichere Umgebungssituationen. Nur so kann etwas Befriedendes ins Verhältnis zu den Jüngeren einziehen.

Überall sollte auf die besonderen Bedingungen des Kindseins mehr Rücksicht genommen werden – statt dass vieles möglichst schnell und intensiv an die Erwachsenenwelt angepasst wird. Dann verstärken sich deren Einseitigkeiten noch.

Freie Erziehung will sich gerade nicht anmaßen, den Kindern vorzuschreiben, wie sie sich zu verhalten haben. Schon bei Pflanzen ist es entscheidend, in passenderer Weise den Boden zu bereiten, damit ein fruchtbares Gedeihen geschehen kann.

Weit differenzierter und anspruchsvoller gilt das fürs Kindeswerden. Da gilt es sich möglichst vorbehaltlos auf das einzulassen, was jeweils die speziellen Anforderungen sind, welche neu hereintretende Seelen benötigen, um ihren – nicht unseren – Weg zu finden.

Früher war es bereits für einen kleinen Ort wichtig, in den Mittelpunkt eine Kirche zu stellen. Da ging die Ausrichtung nach oben, zum Himmlischen hin. Von dort wurden entscheidende Impulse fürs Zusammenleben überhaupt empfangen.

Gleichzeitig strahlte eine diesbezügliche Orientierung oft weit in die Umgebung aus. Solche Ortschaften konnten ein Landschaftsbild stark mitprägen.

Mittlerweile kehrte sich die Richtung um. In die Ortsmitte zog eine Bank oder gleich mehrere – sozusagen moderne Götzentempel.

Aber dies war eine vorübergehende Angelegenheit. Inzwischen läuft alles mehr elektronisch. Die Orientiertheit geht dann erst recht in Gegenrichtung, ganz ins Untersinnliche hinein.

Was soll nun im Mittelpunkt eines zukünftigen Siedelns stehen? Am liebsten ein Kindergarten oder sonstige Stätten des freien Lernens von Jüngeren, doch am besten mit Älteren zusammen – oder überhaupt Gegebenheiten, wo gegenseitiges schöpferisches Sich-Anregen im Zentrum steht.

Nicht immer muss das gleich ein perfekter Kindergartenbau sein. Manchmal genügt eine Spielgruppe mit viel Einbeziehung der Natur. Sobald etwas allzu sehr institutionell und normiert verläuft, hat es schon wieder beeinträchtigende Folgen für die Heranwachsenden.

Einiges, was unter dem Namen „Waldorfkindergarten" läuft, ist von dogmatischen Gewohnheitsritualen geprägt, was unter anderem Werner Kuhfuss zu einem kritischen Hinterfragen in verschiedenen schriftlichen Beiträgen herausgefordert hat. Freies spielerisches Lernen darf jedenfalls nicht zu kurz kommen.

Erst recht soll keine verfrühte Intellektualisierung einsetzen, wo manchmal bereits schulähnliche Prüfungskriterien das Kindergartenalter überwältigen. Solches rächt sich durch desto mehr seelische Konfusion.

Natürlicher als nun meist in einem Elternhaus oder im sonstigen gesellschaftlichen Rahmen sollte es im Kindergarten zugehen. Einzelne Gruppen verbringen sogar ihre Zeit überwiegend im Wald. Dieser bietet eine solche Fülle von Erfahrungen und Bewegungsmöglichkeiten, dass dies ein äußerst gesundes Fördern des jüngeren Heranwachsenden gestattet.

Wenn da nicht übertrieben wird! Gemeinsame stillere Phasen in einer warmen Hütte können bei rauherer Witterung besonders förderlich sein – um einer Geschichte zu lauschen oder einfachere künstlerische Übungen einzubauen.

Allzu früh werden Kinder meist mit kalter Lebenstragik konfrontiert. Das droht ihnen manche mitgebrachte freudige Lockerheit zu rauben oder lässt diese überhaupt nicht richtig zur Geltung gelangen. Jedenfalls sollte stets wieder Beschwingteres hinzutreten, etwa durch Einfügen von eurythmischem Bewegungsspiel.

Jene Einbettung in eine geistig-religiöse Mitgetragenheit, welche mit dem kleinen Kind noch ganz eng verwoben ist, sollte möglichst lange bewahrt bleiben. Auch mittels Klang und Gesang oder über Märchen kann daran angeknüpft werden.

Auf rhythmisch-beschwingte Weise sollen Kinder ins Leben eingeführt und darin weitergeleitet werden. Dann kommen sie auch allmählich mit strengeren Daseinsgesetzmäßigkeiten zurecht, ohne sich aber zu sehr unterordnen zu müssen.

Zunächst klingt im Kind ein göttliches Weltenweben nach. An dieses soll künstlerisch-bewegt angeknüpft, ja noch solange ein Fortwirken unterstützt werden, bis der junge Mensch imstande ist, durch eigenes Begreifen und Verhalten immer selbständiger etwas aufzugreifen sowie daraus eine voranleitende Kraft für seinen ganzen folgenden biographischen Weg zu gewinnen. Ansonsten kommt es allzu schnell zum übermäßigen Eingeordnetsein in äußere Erdenbedingungen.

Jene überirdische Leichte, welcher wir alle entstammen, darf nicht von gesellschaftlichen Vorgegebenheiten überwältigt oder gar ganz ausgelöscht sein. Es sollte eine spielerische Beweglichkeit bewahrt und durch kreative Pädagogik sogar verstärkt sein, so dass auch vor schwierigen sozialen Herausforderungen nicht kapituliert werden muss.

Das größte Kapital des Lebens ist jener schöpferische Himmelsschwung, den wir alle von einer Sternenabkunft her mitbringen – was noch planetarisch impulsiert und mondenhaft konsolidiert sein kann. Danach erst gelangt der Mensch durchs Tor einer Erdengeburt.

Hier gilt es sogleich daran anzuknüpfen mit weiterer Mondentreue und Planetenbeschwingtheit, bis der Jugendliche heranreicht zu einer eigenen sonnenhaften Lebensführung. Diese erlaubt, auf klarere Art am eigenen Schicksalsgeflecht weiterzuarbeiten.

Auf keinen Fall sollten wir uns kopfmäßig zuschnüren. Vielmehr wäre die Intelligenz durch den ganzen Menschen, über seine Leibmitte und bis in Arme sowie Beine durchzuleiten. Das kann dann eine sichere eigene Lebensgestaltung erlauben.

Vor allem Spielerisches vermag unserem Menschsein zur freien Entfaltung zu verhelfen. Eine diesbezügliche Überzeugtheit vermittelte Friedrich Schiller durch seine Briefe über die ästhetische Erziehung.

Stets ist genug Gliedmaßentätigkeit vonnöten, statt dass sich vieles zu früh und allzu sehr im Kopfgebiet konzentriert. Das verursacht einen Eindruck von Enge und Schwere.

Desto wichtiger ist ein weiteres genügendes Aktivhalten der Gliedmaßenkräfte, so dass auch das mittlere Atem-Kreislauf-System intensiv genug einbezogen bleibt. Dann steuert nicht alles zu sehr auf eine intellektuelle Überwältigung hin.

Vielmehr wäre anzustreben, von der Mitte aus das gesamte Menschenwesen rhythmisch-bewegt zu begleiten. Im übrigen ist hierbei auch zu erfahren, dass Intelligenz nicht bloß im Kopfe sitzt. Sie hängt mit unserer ganzheitlichen Gestalt zusammen und kann darin überall wirksam sein.

Kaum sind wir geboren, fangen bei uns zwar schon Alterungsprozesse an – die stark vom Bereich des Kopfes ausgehen.

Schlimmstenfalls zeigt sich bereits bei Kindern etwas Vergreisendes.

Doch sind wir seitens unserer Gliedmaßen sowie durch den Stoffwechsel von Impulsen der Erneuerung begleitet. Und die mittlere Region des Herzens hat als Aufgabe ein ständiges Vermitteln oder auch Ausgleichen.

So steht mit der eigenen Leibesorganisation das wertvollste Instrument zur Verfügung, welches sich überhaupt vorstellen lässt. Dieses muss nur in guter Weise vom Geistig-Seelischen aus durchdrungen sein, damit es den gesamten Lebensweg hindurch uns getreu begleitet.

Unbedingt sollte genug Zeit gelassen werden, damit das Kindeswesen seinen Körper richtig zu ergreifen vermag, ohne dass in ihm versackt wird. Vielmehr bedarf es eines bewegten Begleitens, damit das Leibesinstrument in passenderem Sinne fürs gesamte Erdendasein zur Verfügung steht und möglichst schöpferisch genutzt sein kann.

Ein immer gekonnterer, stimmigerer Rhythmus hat sich dabei herauszubilden zwischen Selbstwerden und Weltzuwendung. Beides darf nicht vereinseitigen.

Wer stark in sich verhangen ist, neigt zuviel einer Erdenschwere zu. Das kann niederziehend und lähmend wirken.

Waltet ein verfrühtes äußeres Gefordertsein, kann der junge Mensch gar nicht richtig seine eigenen Anlagen oder Fähigkeiten hereinholen und weiterführen. Zunehmend tritt eine Überforderung auf, welche schließlich krankheitsmäßige Zusammenbrüche verursacht.

Lernen wir hingegen einen gesunden Wechsel zwischen Eigensein und Außenorientierung aufzubauen, kann dies in eine stets ausgeglichenere Lebensführung einmünden. Ein heilsames Zusammenspiel zwischen Innerlichkeit sowie Weltoffenheit entsteht daraus.

Frei von irgendwelchem Verkrampftsein oder zu großer Lebenshektik ist dann das eigene Dasein immer gekonnter so abzustimmen, dass sich alles auf uns Zukommende freudiger und bejahender angehen lässt.

An weltlichen Anforderungen können wir wachsen. Doch bedürfen wir auch regelmäßiger Phasen der Ruhe oder Besinnlichkeit.

Wach zu sein gilt es gegenüber den Aufgaben, welche an uns herantreten. Ebenso muss gelernt werden, auf jeweilige besondere Bedingungen anderer Menschen gegenüber Rücksicht zu nehmen. Ein Üben der Aufmerksamkeit sowohl in bezug auf Sinnesgegebenheiten als auch seelische Befindlichkeiten wäre anzustreben.

Letztlich geht es immer mehr um ein gutes gegenseitiges Sich-Weiterbringen. Kinder reagieren besonders stark auf das, was an sie herantritt. Gerade dadurch können auch Erwachsene viel aufmerksamer werden hinsichtlich all dessen, was von ihnen an Einflüssen ausgeht.

Wenn all das ehrlich angeschaut und damit auch rücksichtsvoll umgegangen wird, kann ein tieferes Vertrauen zwischen Älteren und Jüngeren walten. Kinder brauchen uns, ohne Frage, aber wir auch sie.

Grundsätzlich gilt stets mehr: Ich benötige andere, um selber mehr Mensch zu werden. Für Jüngere ist das wichtiger denn je, weil die natürlichen Lebensgrundlagen vielfach angegriffen sind.

Doch kann genauso eingesehen und ernstgenommen werden: Die Erwachsenen bedürfen ständig neu des Herausgefordertseins durch Jüngere, um noch unmittelbarer sowie überzeugender zur Entfaltung bringen zu können, was an lebendigen Vermenschlichungstendenzen ins jeweilige Gegenwartsgeschehen hineinzutragen ist.

Nehmen wir das nur genügend zur Kenntnis! Stets noch aufrichtigere sowie kreativere Weltbedingungen natürlicher wie sozialer Art braucht es, um das Kindeswerden in schöner und gesunder Weise zu begleiten. Davon haben Ältere, ja die gesamte Gesellschaft genauso einen Gewinn.

Daraufhin können ins Menschen-Welten-Werden jene Impulse einfließen, die ganz unverzichtbar sind für eine gute Zukunftsentwicklung. Immer stärker sind wir hier aufeinander angewiesen.

Wohl bringen Kinder stets wertvollere Fähigkeiten mit. Aber da kann es auch zu einem tragischeren Entgleiten kommen, wenn Erwachsene die Jüngeren nicht in immer besserer Beispielhaftigkeit begleiten und hilfreiche Wege für sie offenhalten.

Unser ganzes Dasein bedarf eines zunehmenden Einsatzes für heilsamere Lebensformen. Das ist für uns Heutige äußerst wichtig und den nachkommenden Generationen gegenüber noch mehr. Stets entscheidender wäre, dass ein gegenseitiges Weiterbringen stattfindet und nicht das leider so verbreitete gemeinsame Niederziehen.

Kaum etwas kann wichtiger sein als das Schaffen von kinderfreundlichen Lebenssituationen. Wenn hier genügend Raum, Verständnis und Einsatzbereitschaft vorhanden ist, gelangt auch die übrige Gesellschaft befriedigender voran.

Wo Kinder angemessen begleitet werden, strömen neue Himmelskräfte ins Erdgeschehen ein. Jugendliche müssen sich selber mit anstrengen und Erwachsene erst recht, um das regsam zu halten, was als reiche Gabe aus Geisteswelten unsere Lebensverhältnisse impulsieren soll. Dann allein geht es damit sinnvoll weiter.

Pädagogik als schöpferisches Abenteuer

Eben das wäre eine pädagogische Untugend: wenn mit der Schule ein intellektuelles Vollstopfen – gar Verstopfen – des jungen Menschen beginnt. Vielmehr sollte gezielter fortsetzen, was mit Leibesgeschicklichkeit und lebendiger Sinnespflege schon im Kindergartenalter begonnen hat.

Fließende Übergänge gilt es mitzugestalten, nicht biographische Brüche zu forcieren. Mehr denn je sind heilsame Bemühungen nötig, um frühzeitig aufzufangen und auszugleichen, was mit äußerlichen Vereinseitigungen der Jüngeren zusammenhängt.

Technisch-materielle Zwangshaftigkeiten greifen den Menschen nun meist ab seiner frühesten Kindheit an. Desto intensiver wäre dem ein Gegengewicht zu geben durch kreative Betätigungen.

Letztlich gibt es gar keine Alternative zu echter, freilassender Waldorfpädagogik. Damit ist alles gemeint, was dem Kindeswesen solch eine Begleitung gibt, dass es seine eigene schöpferische Bildsamkeit in Fluss halten kann.

Zur Zeit der Schulreife löst sich ein Teil von dem, was an lebendiger Gestaltungskraft am eigenen Organismus gearbeitet hat, von der Leibesgebundenheit ab. Es ist für eine lernende Seelenaktivität verfügbar.

Zu früh dürfte dies jedoch nicht geschehen, sondern erst um den Zahnwechsel herum. Ansonsten werden Organbildungen untergraben und gesundheitliche Schwächungen erzeugt – was sich im Zuge eines desto heikleren Älterwerdens rächt.

Wer diesbezügliche Gesetzmäßigkeiten missachtet und das Kind vorzeitig schulisch belastet, verhindert das gesunde Vorankommen des jungen Menschen. Um so länger mag es dann dauern, bis der passende Weg ins spätere Leben hinein gefunden wird.

Grundbefähigungen fürs gesamte Erdendasein sind in den Schuljahren auszubilden. Neben einer elementaren Weiterbildung der Sinne sollte vor allem ein intensives Bemühen um soziales Wahrnehmen sowie sprachlichen Eigenausdruck dazugehören. Dadurch wird geholfen, dass das individuelle Seelenwesen kräftig und zugleich offen genug zur Entfaltung gelangen kann.

Von schönen zeichnerischen Formen aus kann es zum Beispiel dann allmählich ins Schreibenlernen und Rechnenkönnen hineingehen. Begleitend dazu wird sich ein zunehmendes Verständnis für all das ergeben, was das Erdenleben insgesamt an vernünftigen Strukturen durchzieht.

Ein liebevolles Interesse an der Ganzheit des Lebens wäre vorrangig anzuregen. Es gilt aufzuzeigen, wie das gesamte Dasein von weisheitsvollen Ordnungen geprägt wird.

Dies wirkt von allein auch moralbildend. Keine künstliche Autorität braucht es hierzu. Das eigene Beachten von Lebensgesetzmäßigkeiten sollte ausreichen.

Elementare Abläufe des Alltags können genügend Respekt einflößen. Bedingung ist, dass sie von den Erwachsenen selber vorgelebt werden.

Nicht auf eine Überfülle an Lehrstoff kommt es an. Der ertötet eher das Interesse.

Vielmehr ist ein praktisches Eingehen auf konkrete Alltagserscheinungen stets die beste pädagogische Methode. Das Leben selber wird so der eigentliche Lehrer.

Menschen können immer nur Vermittler sein: für das, was die Weisheit der Schöpfung selber mitzuteilen hat. Im Grunde sind wir alle in einer einzigen Weltenschule.

31

Junge Menschen werden in diese am besten dadurch eingeführt, indem sie den Erwachsenen als ständig Weiterlernenden
begegnen. Aber gerade nicht irgendwelchen Besserwissern!
Das lähmt eher ab.

Sondern es sollen die Lehrer selbst beste Schüler sein. Mit den
Jüngeren zusammen können sie immer neu entdecken, was die
eigentlichen Lebensgeheimnisse sind.

Bemerkenswerterweise lässt sich von sogenannten Förderein-
richtungen besonders viel lernen. So wird in der Karl Schubert-
Schule in Leipzig morgens erst mal dafür gesorgt, dass alles im
Gelände sowie im Klassenzimmer ordentlich erscheint. Dadurch kommt das Ich besser in den Leib hinein. Eventuell
sollten noch einige Bewegungsübungen hinzutreten.

Danach ist auch die Seele mehr bereit, sich dem hinzugeben,
was an geistigem und sozialem Austausch zwischen den Menschen stattfindet. Begleitend sind weiterhin kreative Elemente
entscheidend.

Kopfmäßiges Reflektieren sollte immer erst hinterher dazu-
treten. Auch handwerkliche Aktivitäten können wichtig sein.
Ansonsten geschieht nur ein Wechsel von intellektuellem Ab-
lähmen und aggressiver Auflehnung.

Insbesondere männlicherseits, also bei den Jungen, führt eine
verkopfte Vereinseitigung zunehmend zu ungehaltenen Ge-
genreaktionen. Was da fehlt, ist das schöpferische Beleben.

Keineswegs zu positiv darf gelten, wenn es heißt, Mädchen
seien anpassungsfähiger. Die Jungen wollen genug gefördert
sein. Doch der weiblichen Seite tun ganzheitliche Ansätze genauso gut.

Kopf, Herz und Hand sollen gleichermaßen angesprochen
sein. Das schwebte Heinrich Pestalozzi bereits vor. In der
Waldorfpädagogik ist es in die Tat umgesetzt.

Neben praktisch-handwerklichem Bemühen gehört ein Verbinden zu sämtlichen Bereichen der Kunst zum lernenden

Alltag. Das spricht mehr die weiblichere Sensibilität von allen Schülern an, nicht nur bloß eine eher männliche Willenshaftigkeit bei ihnen.

Wo es heißt, dass Mädchen sich in geschlechtsgemischten Klassen zu sehr zurückhalten und Jungen aber auftrumpfen, kann das mit pädagogischer Einseitigkeit zusammenhängen. Falls der Unterricht ausreichend mit bildhaft-künstlerischen Qualitäten verbunden ist, kommt auch die weibliche Seite besser zur Geltung.

Zudem ist so leichter ein Gegengewicht zu schaffen hinsichtlich des Riesenarsenals elektronischer Beeinflussung (Mobilfunk, Internet oder Computerspiele), denen Jüngere übermäßig ausgesetzt sind – nicht selten stärker als Ältere. Dies ist eine gewaltige Attacke auf das viel leichter formbare Wesen der Heranwachsenden.

Wenn nicht Eltern, Lehrer und übrige Erwachsenenwelt besser zusammenstehen sowie alles wachsam begrenzen, werden die Jüngeren geradezu überflutet durch eine Masse an Elektronik. Weitaus aktivere Alternativen sollten angeboten sein.

Eine lebhaftere oder geradezu abenteuerliche Pädagogik ist nötig, welche das ganze Elektronikzeug vergessen lässt. Sobald etwas zu langweilig erscheint, droht der Griff zum technischen Spielzeug.

Um gut standzuhalten, braucht es auch eine energische sprachliche Kompetenz. Ein kraftvoller übender Umgang mit dem Wort sowie weiteres aufweckendes Schöpfertum bis in die Glieder hinein kann helfen, dass der junge Mensch sich selber vielfach erst richtig erfährt und ergreift.

Eine Impulsierung von Körper, Seele und Geist zugleich ist erforderlich, um den ablenkenden elektronischen oder sonstigen Zerstreuungseffekten genug entgegenzusetzen. Insbesondere können eurythmische Übungen hierbei unterstützend sein.

Geistig-Seelisches und Leiblich-Physisches wird dadurch in bessere Übereinstimmung gebracht. Die Eurythmie erlaubt, dass das gesamte menschliche Wesen mehr in Einklang mit sich gelangt.

Allerlei Unerlöstes von uns, aber auch aus der Umwelt will ständig neu das eigene Leibesgefüge überwältigen. Dadurch tritt etwas wie ein Widerwille sich selbst gegenüber auf.

Es sei denn, wir bringen dasjenige, was so in guter Manier von uns Besitz ergreifen möchte, in einen beschwingenden Fluss! Dann wird das Widrige allmählich wie entzaubert, ja kann uns mit der Zeit auf immer schönere Weise begleiten oder sogar anspornen.

Gar nicht schlecht muss es sein, wenn an Lernstätten kaum direkt mit Verkehrsmitteln heranzugelangen und zumindest die letzten Minuten noch ein Weg durch eine elementare Natur zurückzulegen ist. Das wird bereits helfen beim Ablegen träger Bequemlichkeiten sowie auch um die Sinne wieder anregungsfähiger zu machen für neue Eindrücke.

Letztlich können dies Teile sein, die sich zu einer Menschwerdekunst zusammenfügen. Der Einzelne mag sich stets ungenügender fühlen. Durch gute pädagogische Begleitung wäre dies jedoch mehr als auszugleichen.

Immer wichtiger wird hierbei, dass Menschen aneinander erwachen und gemeinsam desto besser voranschreiten – sofern dies auf förderliche Art geschieht.

Auch in bezug auf das Naturverhältnis soll stets mehr solche Gegenseitigkeit einziehen. Einerseits braucht der Mensch intensivere Eindrücke aus der Umwelt, um sein Eigenwesen gut zur Entfaltung zu bringen.

Zum anderen ist die Natur zunehmend auf menschliche Zuwendung angewiesen. Kein Randphänomen darf somit bleiben, was als ökologische Erziehung zu bezeichnen wäre.

Wir benötigen gesunde Impulse aus der Natur, schon was die Ernährung betrifft. Nur dann ist auf dem eigenen Lebensweg befriedigend weiterzukommen.

Ebenso ist aber die Umwelt immer intensiver angewiesen auf ständige Rücksichtnahme und heilsamen Beistand von unserer Seite. Im Umgang mit natürlichen Gegebenheiten kann der Mensch zudem ganz besonders lernen, was es verlangt, um zu passenderen sozialen Umgangsformen zu finden.

So wie in den Naturzusammenhängen vieles sich gegenseitig ergänzt und trägt, kann dies auch für menschliches Miteinander ein wertvolles Beispiel abgeben. Der sogenannte Kampf ums Dasein ist eher im Zuge eines menschlichen Sich-Herauslösens aus den Naturzusammenhängen aufgetreten.

Vorübergehend hatte das seine Notwendigkeit, weil der Mensch sich nicht nur aus einstiger Gottesgeführtheit lösen, sondern auch die Naturzwänge zurückdrängen musste. So entstand erst ein Freiraum zu seiner eigenständigen Entwicklung.

Inzwischen droht jedoch die Abtrennung vom Natürlichen das ertragbare Maß zu übersteigen. Dadurch würden wir uns die Grundlagen des eigenen Weiterschreitens zerstören. Statt des Daseinskampfes muss nun ein Kooperieren vorwalten: der Natur gegenüber, zwischen Menschen und zudem bezüglich höherer Welten.

Im Erziehungswesen dominiert vielfach noch ein erbitterter Daseinskampf, ebenso in der Ökonomie. Menschen werden massiv dazu angestachelt oder geradezu ausgebildet, miteinander zu wetteifern um eines stets besseren Sich-Durchsetzens willen.

Eine doppelte Fatalität resultiert daraus. Sowohl die Individuen sind stets mehr belastet als auch das Naturganze.

Wer im Kampf mit der Welt steht, bekriegt letztlich auch sich. Denn nur durch heilsames Miteinander können wir selber gut fortschreiten.

Allem ökologischen Lernen fällt hierbei eine zentrale Rolle zu. Was universelle Zusammenarbeit betrifft, stellen viele Naturprozesse ein herausragend positives Beispiel dar.

Einen besten Lehrmeister haben wir da vor uns. Sogar mancherlei Rivalisieren hat hier seinen Sinn, um ein übergeordnetes organisches Gleichgewicht aufrechtzuerhalten.

Jene umfassendere Lebensweisheit, aus welcher die Natur entstammt, müssen wir neu gewinnen. Sonst beraubt sich der Mensch seiner eigenen Zukunftschancen – und auch des gesunden Auskommens mit Jüngeren.

Allerdings muss das, was naturhaft sowohl außerhalb vom Menschen als auch in ihm selber tätig ist, auf schöpferische Weise fortgeführt werden. Dann dient es dem eigenen Weiterkommen, statt dass wir der Willkür irgendwelcher elementarer Triebe ausgeliefert bleiben.

Naturhaftes ist von der Menschenseele aufzufangen, zu bändigen sowie umzuwandeln. Zum eigenen Voranschreiten trägt dies sodann bei und kann wiederum gestaltend auf die Welt zurückwirken.

Speziell auch dies ist ein weisheitsvoller Prozess in sich. Eine gewisse Naturgetriebenheit braucht es sehr wohl, damit das Menschenwesen überhaupt genug in Gang kommt.

Diese soll jedoch nicht überschießen. Was elementarkräftig in uns waltet, wäre im Zuge von kreativen Tätigkeiten so einzubinden und umzuschmelzen, dass wir vorangetragen werden – ohne davon beherrscht zu sein.

Ansonsten leidet auch die äußere Welt stets heftiger unter der Ungehaltenheit des Menschen. Sie wird zunehmend angegriffen.

Um dies zu ändern, muss jeder sich besser in der Hand haben. Es ist das Ideal jeglicher Pädagogik: dass sie in einen Akt der Selbsterziehung einmündet.

Überhaupt wäre nur jenes Mitbegleiten junger Menschen angebracht, das diesen im Laufe der Zeit erlaubt, eine bessere Verantwortung dem eigenen Wesen gegenüber zu praktizieren. Dann ist das wichtigste schon gewonnen: Wer verantwortlich mit sich umgeht, wird ähnliches der Umwelt und insbesondere auch anderen Menschen gegenüber vollziehen.

Für den selbstständig Lernenden fängt der Weg mit Ideen von dem an, was erstrebenswert ist. Es sind zunächst diesbezügliche Vorstellungen zu vermitteln.

Wenn uns das möglichst klar und intensiv ergreift, können die Gefühle mitziehen. Unsere Seele gerät in passendere Übereinstimmung damit.

Danach kann das gedanklich Erfasste noch tiefer sinken und auf den Willen wirken. So kommt es auch zu passenden Taten.

Kindliches Lernen verläuft in umgekehrter Richtung. Erst muss etwas getan, bewegt, berührt oder gestaltet werden. Das hat einen wandelnden Einfluß aufs Fühlen und führt einen zu neuen Einsichten.

Entscheidend ist und bleibt, was vom Erwachsenen selber ausgeübt wird. Dies kann das kindliche Wesen anspornen.

Was Lehrer lediglich theoretisch vorführen, lähmt ab. Die Jüngeren werden passiver gemacht, nicht schöpferisch impulsiert.

Kein reduziertes, sondern ein gesteigertes Leben soll im schulischen Rahmen vorzufinden sein. Ermutigende Sozialformen müssen das sein anstelle von intellektueller Künstlichkeit.

Letzteres schwächt die wertvolleren Strebenskräfte des Kindes. Zudem werden Körpertriebe nur oberflächlich abgedämpft.

Irgendwann schlagen sie desto ungestümer zurück. Wird hingegen von früh auf das Leibesleben genug einbezogen, entsteht gerade jener kreative Antrieb, den wir unsere gesamte Biographie hindurch benötigen, um innerlich weiter lernfähig zu bleiben.

Aus dem Strom kindlicher Bewegungsfreude kann das Wertvollste fürs Weiterentwickeln geschöpft werden. Bis ins Alter vermag diese voranzuleiten. Solches trifft jedoch nur zu, wenn sie über die Schulzeit hinweg passende Bekräftigungen bekam.

Jene sprühende Lebendigkeit, welche dem Kleinkind innewohnt, wäre im Schulalter durch seelische Kreativität so weiterzubilden, dass das ganze weitere Dasein regsam bleibt.

Die Devise, dass wir fürs Leben lernen, ist zu einseitig und engstirnig. Das mündet eher in ein stets fataleres Sich-Festlegen auf vorgegebene Daseinsbahnen.

Ganz anders klingt es, wenn formuliert wird: Ein Lernen vom Lebendigen ist anzustreben.

Dies betrifft vor allem die mitgebrachten Schöpferkräfte. Jedes Kind ist eine zusammengezogene Gabe aus einem unermesslich reichen Geisteskosmos.

Kein Wunder, wenn Hereinkommende immer wieder davor erschrecken, in allzu starre Erdenverhältnisse hereinzutreten. Deshalb braucht es die Begleitung durch solche Erwachsene, die ihre eigenen Kräfte aus dem Vorgeburtlichen weiter aktiv erhalten.

Daneben kann häufiges Begegnen mit elementaren, wenig beeinträchtigten Naturzusammenhängen helfend sowie beruhigend aufs kindliche Wesen wirken. Dies wird das eigene Weiterkommen ebenfalls unterstützen.

Außerdem sollten sich früh genug tönende, farbige und sonstwie gestaltende künstlerische Mittel dem kindlichen Entfaltungsdrang beigesellen. Das erlaubt, eine mitgebrachte Spielbegabtheit weiterzuentwickeln.

Zu einem lebendigen Fest des Lernens können jene Stätten oder Aktivitäten hintendieren, die dem Begleiten von jungen Menschen gewidmet sind. Ständig ist Vorhandenes aufzulockern und umzubilden, damit es befruchtungsfähig bleibt gegenüber einem Geistesschöpfertum – welchem die Kindlichkeit selber entstammt.

Alles was mit Pädagogik verbunden ist, sollte sich daran orientieren. Hingegen wäre geradezu als erzieherische Ursünde zu betrachten, wenn Alt und Jung hiervon wie abgeschnitten werden.

Zu einer Austreibung des kindlichen Lebensinns führt das. Die Folgen sind noch mehr materialistische Einseitigkeiten – welche sich leider weltweit überwiegend beobachten lassen.

Etwas wie ein Fortsetzen, ja ein Übersteigern des Sündenfalls bedeutet dies. Obwohl die Kindesseele noch einen Nachklang paradiesischer Unschuld in sich trägt, wird sie stets schneller und immer noch extremer in äußere Abhängigkeiten gerissen.

Nicht nur, dass die übrige Welt vorwiegend einer Sündenkrankheit des Materialismus unterworfen ist und Mensch wie Natur zunehmend darunter leiden! Jene Nachkommenden, die alles wieder wenden sollten, geraten zu einem sehr großen Teil noch in viel schlimmere irdische Extreme hinein.

So wie es einen biblischen Kindesmord gab, tritt nun das technische Seelentöten hinzu. Es sei denn Eltern, Erzieher sowie weitere aufgeschlossene Ältere tun sich zusammen, um andere Orte zu schaffen: die den Jüngeren einen ihren tieferen Belangen entsprechenden Rahmen fürs gesunde Heranwachsen bieten.

Von natürlichen Materialien und einer lebendigen Umgebung angefangen, sollten diese stets genug Raum für spielerisch-kreatives Sich-Betätigen bieten. Wo stattdessen zuviel künstliche Technik oder sonstige Konsumreize vorherrschen, sind die so leicht verführbaren Kinderseelen zunehmend attackiert oder gar fehlgeleitet.

Nichts ist kostbarer und zugleich verletzlicher als das neu ins Erdenwerden hereintretende Seelenwesen. Dieses reine Menschentum kann am schnellsten entstellt sein – wenn es nicht gut gehütet wird von erzieherischen Begleitern.

Ein bekannter afrikanischer Spruch lautet: Es braucht ein ganzes Dorf, um ein Kind zu erziehen.

Eine ganzheitliche Lebensumwelt ist erforderlich, damit junge Menschen auf ihren Weg zu bringen sind. Inzwischen muss das aber anders verstanden werden.

Passende Dorfsituationen existieren kaum noch. Deshalb bedarf es pädagogischer Ergänzungen, welche den Anforderungen junger Menschen entgegenkommen.

Eine möglichst natürliche Umgebung ist wichtig, am besten mit Garten, eventuell sogar noch zu betreuenden Tieren. Oder ein Bauernhof in der Nähe.

Dann braucht es Räume, die sich nicht bloß fürs Sitzen, sondern auch zum Bewegen eignen sowie zu sonstigen künstlerischen Aktivitäten. Ferner sollten handwerkliche Bereiche oder richtige kleine Werkstätten hinzutreten.

In ausgewogener Überschaubarkeit gibt es dies kaum noch in der üblichen Gesellschaft. Aber für Jüngere bleibt das eigentlich unverzichtbar, damit sie gut ins Erdendasein hineinwachsen können.

Ein stimmigeres Leben als sonst irgendwo, das kann zum Leitbild für solche Ansiedlungen pädagogischer Kunst werden. Deren Aufgabe ist es, so förderlich aufs Kind zu wirken, dass es mit großem Elan seine weitere Entwicklung fortzusetzen vermag.

Verpönt sein sollte alles, was zuviel abbauende Tendenzen übermittelt, wodurch junge Menschen eher krankgemacht werden statt einer gesunden Lebensförderung zu begegnen.

Insbesondere ist ein atmender Wechsel entscheidend zwischen bewegterem Ausgreifen und stillerem Aufarbeiten.

Mit einem sitzenden Innehalten muss eher sparsam umgegangen werden. Reiche eigene Erfahrungsmöglichkeiten sollen stets vorausgehen. Eine besinnliche Phase ist dann wie ein Nachklang – durchaus wesentlich, aber ergänzend zum vorherigen sinnvollen Aktivsein.

Echt bildsame Erfahrungen müssen es sein, die das Kind wie von selber weiterbringen. Sein Werden soll in Bewegung bleiben und nicht ins geistig-seelische Passivmachen münden – was innere Ablähmung für den größten Teil der individuellen Existenz erzeugt.

Eigentlich wäre das eine pädagogische Niederlage. Aber sie wird leider massenhaft praktiziert! Die Schule verstärkt noch Belastungen, worunter unsere Gesamtgesellschaft mehr als genug leidet.

Anstatt dass pädagogische Stätten geschaffen werden, wo an einem Verbessern oder geradezu Heilen der sozialen sowie auch ökologischen Verhältnisse geschaffen wird! Richtige Schul-Landschaften können das sein, die wie Übräume erscheinen für ein gesundes Weitergedeihen menschlicher Erdenzusammenhänge.

Gerade nicht eine falsche Auslese! Die einen müssen sich anpassen, andere werden ausgesondert – und das systematisch nach Lehrplan.

Sondern sich in einer kleinen, freien und unabhängigen erzieherischen Republik ganz auf dieses einstellen: was eine neue Kindergeneration von einem schulischen Lernen fordert.

Möglichst gekonnt wäre aufzugreifen und weiterzubilden, worauf die jeweilige Menschenwesenheit wartet. Dann kann auch die übrige Gesellschaft dringlichst geforderte Neuerungsschübe am besten empfangen.

Beides ist nötig und bedarf der Unterstützung: Zum einen die passende Örtlichkeit fürs Weiterkommen der Jüngeren, aber genauso andererseits das Fördern dessen, worauf das übrige Sozialleben wartet – damit es genügend Anstöße erhält für einen Wandel.

Nicht mit Fakten vollgestopfte Lehrpläne braucht es. Diese ersticken die Lerninteressen der Jüngeren und sind sowieso nur aus dem geformt, was vorige Generationen als wichtig erachteten.

Vielmehr gilt es sich so gut wie das nur geht darauf einzulassen, was an neuen Werdeimpulsen in die irdischen Angelegenheiten einziehen soll.

Ein riesiger Fortschritt war schon, wie sich da in Schweden ein bewegtes Klassenzimmer entwickelte. Da wird an den spielerischen Lebensschwung kleiner Kinder angeknüpft. Dann erst ist überzuwechseln ins inhaltliche Lernen.

Wenn es so etwas nicht gäbe, könnte verzweifelt werden an zu starren Formen, welche leider auch häufig in die Waldorfpädagogik eingezogen sind. Insbesondere die Solvik-Schule bei Järna wäre da nochmals als Pioniereinrichtung zu nennen, welche unter anderem mit dem Namen von Pär Ahlbom verbunden ist.

Falls Kinder zuviel stillzusitzen haben, mutet das fast mittelalterlich an. Oder es ähnelt einem militärischen Drill.

Kindgemäß ist vielmehr, dass immer wieder genug Bewegungsaktivität einbezogen wird. Dann können sich durchaus Phasen des stilleren Aufarbeitens anfügen – aber nicht ausschließlich.

Völlig überwunden sein sollte die typische Paukschule. Bei ihr werden junge Menschen zum Datenspeicher abgerichtet. Darauf lief vieles seit Jahrhunderten hinaus.

Jetzt kommt die elektronische Datenverarbeitungstechnik und spottet sozusagen: Ätsch, hiermit geht das besser.

Zugegebenermaßen ist dies ein totaler Bankrott der Einpaukpädagogik. Der Mensch wäre viel zu schade dafür.

Einzigartig ist und bleibt seine Kreativität, Geistbewusstheit sowie eine mitfühlende Verantwortungsfähigkeit. Darauf sollte alles Erziehen ausgerichtet sein.

Dies steht oder fällt mit dem guten Vorangehen der Person des Lehrers und anderer beispielhafter Erwachsener. Es ist eine Schande, wenn irgendwelche elektronischen Bildschirmgeräte mehr faszinieren.

Letztlich stellt sich so das pädagogische Vorgehen selbst ein denkbar schlechtestes Zeugnis aus – nämlich wenn es langweilig bleibt. Allerdings sollen nicht billige Ablenkungen als Ersatz kommen.

Vielmehr braucht es mehr Mut zum Handeln aus schöpferischer Geistesgegenwärtigkeit. Mittels innerer Lockerheit wäre stets wacher abzuspüren, wonach die Seelen junger Menschen fragen oder suchen.

Sodann braucht es auch ein Geschick, um darauf jeweils passende Antworten zu geben. Solches hat mit stets neu sich realisierender anthroposophischer Pädagogik zu tun. Die aktuelle Situation selbst gibt Weisungen. Und daran sollten Lehrende sich möglichst offen orientieren.

Im Grunde braucht es vor allem eines, nämlich Vertrauen in den Schöpfergeist der Welt: dass der stets zur Seite steht und helfend eingreift – sofern der Mensch genug dafür aufgeschlossen ist.

Dort wo Menschen sich möglichst direkt auf solch ein lebendiges Anteilnehmen einlassen, findet freie Schule statt. Alles Festgelegt-Institutionelle gilt es stets wieder zu überwinden, um genügende Offenheit aufrechtzuerhalten für schöpferisches Geistbegegnen.

Junge Menschen sind an sich sehr nahe dran an echten Geistesquellen. Jedoch zieht die technisch-materielle Zivilisation stärker denn je an ihnen.

Deshalb benötigen sie desto unabhängigere Personen und Orte, wo anzuknüpfen ist an ursprungshaftes Geistesschöpfertum. Zu diesem wäre ein Zugang zu bewahren beziehungsweise um so energischer zurückzugewinnen.

Empfehlenswert kann auch sein, dass eine Gruppe von Lernenden gut gemischt ist, eventuell sogar mit unterschiedlichen Jahrgängen in einem überschaubaren Rahmen. Ein paar sogenannt Behinderte mögen dazukommen. Das bremst eventuell ab, was sonst allzu einseitig intellektuell voranprescht. Jene, welche mehr Zeit benötigen, um richtig ins Erdendasein hineinzugelangen, haben es dann auch leichter.

Auf einen heilsamen Ausgleich sollte vieles angelegt sein. Wie kleine Lernfamilien mögen solche jahrgangsüberbrückende Gruppen erscheinen. Der Lehrerpersönlichkeit können noch ein bis zwei Assistenten zur Seite stehen, um auch Sonderbedürfnisse in mehr bedachtsamer oder aufgeweckterer Hinsicht einzubinden.

Durchaus dürfen gewisse pädagogische Aufgaben an Jüngere übergehen. So können Schulen auch schon zum Entwickeln lehrender Befähigungen beitragen.

Zudem sollten die betreffenden Initiativen sich mehr untereinander vernetzen. Jede Einzelstätte müsste Verbindung haben zu einer oder mehreren Schwesterschulen, wodurch ergänzende Angebote hinzutreten können.

Oder es sollten sonstige Örtlichkeiten wie Bauernhöfe, Kunstateliers, Werkstätten oder soziale Dienstleistungsbetriebe mit eingebunden werden. Da lässt sich zwischendurch oft mehr lernen als in einem zu engen verschulten Rahmen.

Ivan Illich ist nicht überholt. Mag auch seine These „Schafft die Schule ab" recht radikal gewesen sein, hat sich dennoch viel zu wenig getan. Alles Lernen sollte mehr in Fluss kommen, zu sehr Institutionelles immer wieder aufgebrochen und gewandelt werden.

Letztlich gibt es nur eine Weltschule, von der alle Anregungen bekommen – Jüngere wie Ältere. War das bisherige Klassenzimmer schon durch bloß intellektuelle Wissensübermittlung zu künstlich, wird es das durch elektronische Medien erst recht!

Pädagogische Entrümpelung tut also mehr denn je not. Die Wende ist nur durch intensivere Lebensnähe erreichbar, nicht über irgendwelchen Technikeinsatz.

Alles Lehren und Lernen kann stets nur Vermittlung sein. Es darf sich nicht selber ins Zentrum stellen und so den Zugang ins Leben eher versperren.

Sich zurücknehmen und für Durchlässigkeit sorgen, das ist bereits am wichtigsten für einen eigenen inneren Weg. Und ähnlich entscheidend wird dies beim Beibringen von irgendwelchen Qualifikationen für andere Menschen.

Wesentlichstes „Medium" ist stets die Sprache. In ihr haben wir ein Urbild für erzieherische Mittlerschaft vor uns. Sie kann sich bedingungslos zur Verfügung stellen, ohne selber etwas festzuhalten.

Lebendiges Sprechen ist mehr als flüssig – so bewegt, dass alles sich sofort wieder verflüchtigt, nachdem auf irgendetwas hingewiesen worden ist!

Bloße Brücke sein will das Wort, statt sich in den Mittelpunkt zu stellen. Einzig darum geht es: Verbindung stiften zu dem, worauf die Sprache bezogen ist.

Deshalb dürfte es im Grunde nur Logos-Lehrer geben. Jene, die sich selber nur dafür hergeben: ungetrübt zu vermitteln, was junge Menschen jeweils suchen.

Als pädagogische Feier vermochte Ivan Illich das darzustellen. Um sinnstiftende Beziehung soll es sich immer wieder aufs neue handeln.

Nichts als dienender Helfer dafür kann der Pädagoge sein, dass Wort und Sinn durch menschliches Begegnen zusammenfinden. Dann tritt der Logos vorbildlich und geradezu wesenhaft zutage.

Zum leibhaftigen Stifter lebendigster Weltbezüge wird da die Persönlichkeit eines Lehrers. Nicht diese selbst, aber was sie zustande bringt, soll den Mittelpunkt lernender Bemühungen bilden.

Als Hervorbringer eines schöpferischen Austausches mit der Welt kann eine Lehrerpersönlichkeit bedeutsamer sein denn je. Der Lebensweg junger Menschen ist so offen wie nur möglich zu halten, anstatt alles mit Technik vollzustopfen. Ein von allzuviel Elektronischem überfrachtetes Lernen wäre nicht die Zukunft, sondern das Ende der Schule.

Ohne erzieherische Begleitung gehen Heranwachsende nun vorwiegend unter im Sich-Beschäftigen mit digitalen Apparaturen. Bevor ihre Biographie richtig in Entfaltung gekommen ist, droht ihren Beziehungsfähigkeiten schon ein Verkümmern. Gemäß der anthroposophischen Menschenkunde erfährt die Einzelseele erst ihre volle Erdengeburt in der Pubertätsphase. Vorher dient alles einer Vorbereitung.

Lehrer sind somit geistig-seelische Geburtshelfer. Hängen Jüngere hingegen überwiegend in elektronischen Netzzusammenhängen herum, ist ihre selbständige Wesensentfaltung beeinträchtigt statt gefördert.

Letztlich müsste sich als unwiderlegliche Einsicht durchsetzen: Noch nie war menschlich-erzieherische Begleitung entscheidender als im Zeitalter der Elektronik. Wer nicht geübt hat, den Leib mit den Sinnen gut zu betätigen, sich auskennt bei Grundfertigkeiten wie Lesen, Schreiben oder Rechnen, der rutscht mehr denn je in unfrei machende technische Abhängigkeiten hinein.

Bei bloß passivem Begleiten wird der Einzelne nur vielleicht ein Zehntel dessen verarbeiten, was an ihm vorbeirauscht. Werden demgegenüber selber irgendwelche Inhalte aufgeschrieben und geschieht ein sprechender Austausch darüber, lassen sich um die neun Zehntel davon behalten.

Aktive Lernbetätigung ist einem bloßen Informationskonsum um ein Vielfaches überlegen. Alles muss jedoch interessant genug vermittelt werden – jenseits der mit Recht verpönten Paukpädagogik.

Spaßiges Unterhaltenwerden ist jedoch keine Alternative dazu. Der Schüler will durchaus auch gefordert sein, aber in einer ihn ansprechenden Weise. Stets sollte beides sich vereinen: ernstes Lernbestreben und spielerische Gestaltungsfreude.

Jene, die irgendwelche Anleitungen geben, empfangen meist auch viel. Und dadurch können diese am besten etwas weitervermitteln, indem sie selber Lernende bleiben oder es immer wieder ganz neu werden.

Einerseits müssen Pädagogen immer mehr eine Art von höherer Witterung besitzen. Es geht darum, ein Gespür für das zu entwickeln, was mit der folgenden Kindergeneration an besonderen geistigen, kreativen und sozialen Qualitäten in die Welt gelangen möchte.

Zum anderen braucht es lebenspraktisches Können, um mitzuhelfen beim Hineintragen des Neuen in die gegenwärtigen Weltzusammenhänge. Ohne Bestärkung durch Nachkommende wäre sonst davor zu kapitulieren.

Bei beidem ist gegenseitiges Unterstützen möglich und nötig. Das trifft sowohl zu fürs Verbundenbleiben mit dem Mitgebrachten als auch bei der äußeren Weiterentwicklung hiervon.

Es dürfte kein Absturz in allzu festgefügte irdische Bedingtheit erfolgen. Vielmehr sollte das weiter regsam gehalten werden, was uns wie mit Engelsflügeln begleiten kann.

Nur damit vereint sind Erziehende wie Lernende imstande, sich genug zu behaupten gegenüber weltlichen Widerständen! Letzteren gegenüber gilt es sich im michaelischen Sinne zu stärken, um darauf dann wiederum verändernd zurückzuwirken.

Leider müssen die meisten Jüngeren das Gegenteil erfahren. Ihnen ist, als ob fast die gesamte Erwachsenenwelt in ihrer Seele herumtrampelt und diese zermalmen möchte. Bevor das Leben richtig begonnen hat, droht vieles schon zu scheitern.

Jugendliches Heranwachsen gleicht intensiver denn je einem Kampf des Erzengels Michael mit Drachenkräften. Gelernt werden soll, vorhandene Widrigkeiten einzudämmen, statt ihnen stets furchtbarer zu verfallen. Im Zurückdrängen kann die Seele sich noch festigen.

Allmählich wird das ein Emporrichten – jeden Tag ein bisschen besser. Das kann eine neue Michaels-Festlichkeit begründen.

Als zunehmend erfreulicher lässt sich das ehren. Echte Michaels-Festigung geschieht. Das eigene Menschentum ist zu stabilisieren oder geradezu in eine Steigerung überzuführen.

Nicht um eine Übernahme vorgegebener Erziehungsleitlinien darf es sich vornehmlich handeln. Entscheidend ist das wahre Heranbilden des eigenen Wesens.

Nachdem das Hereingelangen auf die Erde in mancher Hinsicht einem Absturz ähnelt, wird zugleich um ein Wieder-Emporrichten gerungen. Damit kann ein Michaels-Festesgang einherschreiten.

Eine völlige Transformation wäre das gegenüber bloßem jugendlichem Ablehnen oder Empören. Distanzieren sollten wir uns von allem, was das Menschentum erniedrigt.

Dem müsste das Entsetzen gelten. Weder Jugendliche noch Erwachsene sollen sich da unterordnen. Sondern es wäre gemeinsam zu kämpfen um ein Zurückgewinnen humaner Verantwortung.

Auch unter Älteren mag so etwas wie eine geheime Sehnsucht verbreitet sein! Sie haben es nicht genügend geschafft, die menschlichen Werte zu behaupten gegenüber vielem Niederziehenden in der Welt. Nun tritt aber mit den Jüngeren zusammen die Chance auf, daran fest weiterzuarbeiten.

48

Umfassend angeschaut wäre das dann: ein michaelisches Festigen für jeden. Mehr denn je ist eine geistig-seelische Stärkung verlangt, um gut und mutvoll die Zukunft zu bestehen.

So können sich alle festlich finden in derselben Michaels-Aufgabe. Kinder, Eltern, Erzieher und sonstige Erwachsene haben eine schützende Innerlichkeit nötig, welche sie sicher führt durch stets größere irdische Komplikationen.

Pädagogisches Begleiten kann eine schönste Tätigkeit sein, doch unter heutigen Umständen oft auch allerschwierigste.

Zum Glück bringen junge Menschen wie träumerisch bereits kommende Entwicklungsmöglichkeiten mit.

Weder dürfen sie geraubt noch entstellt werden. Vielmehr gilt es den kindlichen Überschwang so geschickt einzubinden, dass daraus ein gegenseitiges Vorankommen von Jüngeren und Älteren zusammen resultiert.

Überaus bildefähig sind die Heranwachsenden. Das sollte jenen helfen, die schon in zu vielen Festgelegtheiten stecken.

Neue Lebensimpulse können so zu massive Erdengeformtheit wieder aufbrechen und im Fluß halten. Ohne dass jedoch die übermäßige Bildefähigkeit der Jüngern missleitet wird!

Verkehrt wäre, wenn die Lehrerprofession zu sehr verklärt wird. Schnell reicht dies in eine Überforderung hinein – als Berufszweig mit dem häufigsten Ausgebranntsein.

Was es braucht, ist ein besseres Zusammenwirken von sämtlichen Gesellschaftsmitgliedern. Echt michaelisch gefestigt!

Kinder sind nur dann die größte Hoffnung, wenn auch alle anderen Altersgruppen bereit sind zu einem geistigen und sozialen Wandel. Hierzu können sie sich von den Jungen impulsieren lassen.

Völlig immun sein sollte ein Lehrer gegen die Versuchung, als Alleskönner aufzutrumpfen. Desto energischer wäre aufzugreifen, was junge Menschen an Schöpferkraft mitbringen.

Auch das Miteinander der Lehrenden darf nicht irgendeinem Geheimclub gleichen. Viel entscheidender ist das gegenseitige Sich-Aufmerksammachen auf dasjenige, was durch Kinder und sonstige kreative Gesellschaftsmitglieder hinzutreten möchte.

Jene Persönlichkeiten wären einzubinden, welche es verstehen, mit großem Geschick sich darauf einzulassen, was in den Heranwachsenden an Fragestellungen verborgen ist. Egal ob diese pädagogischen Assistenten jünger oder bereits etwas älter sind! Bis ins Finanzielle hinein sollte das so autonom wie nur möglich ablaufen. Eine staatsbezahlte Schule, so sehr sie sich auch eingebürgert hat, ist letztlich eine Krücke.

Dann wird es nie gelingen, voll an dem orientiert zu sein, was mit den Jüngeren zusammen neu in die Gesellschaft hineingetragen werden soll. Eigentlich sind sie mehr die Gebenden und Erwachsene eher Empfangende.

Keinesfalls sollten die Eltern allein für ein Finanzieren hiervon zuständig sein. Vielmehr müssten alle gesellschaftlichen Gruppen oder Kreise das höchste Interesse haben an einer Unterstützung dessen, was da an Anregungen fürs soziale Ganze einfließen will.

Im übrigen hat der Staat nie eigenes Geld. Er muss es immer erst anderen abverlangen oder gar abzwingen. Somit steckt meist schon ein Widerwille in den entsprechenden Finanzleistungen darin.

Nur freies Schenken kann überhaupt richtig würdigen, was als Schöpferleistung über Kinder selber in die Welt hereinkommt. Tiefer gesehen hängt zukünftiges soziales Gedeihen am allermeisten von dem ab, was da mitgebracht wird.

Staatliches Finanzieren gerät durch bürokratische Umwege nicht nur teurer. Es ist auch mit ein Mehr an Vorschriften und Kontrolle verbunden.

Zwangsfinanzieren steht im Widerspruch zur unabhängigen Kulturentfaltung. Letztere kann sich nur gut und gesund vollziehen, wenn schenkende Freiwilligkeit vorwaltet.

Zwar mögen gewisse Richtsätze angegeben werden, was jeweils pro Kind erforderlich ist. Aber das sollten sich Eltern, Freunde einer Schule und ein weiterer Umkreis teilen.

Manchmal reicht dies inzwischen bis in Patenschaften für junge Menschen in fernsten Ländern. Dadurch kann ihnen doch der Besuch einer freien Erziehungsrichtung möglich sein.

Eigentlich sollten gerade jene am meisten für fremdes Kindeswohl sich einsetzen, bei denen es zu wenig oder gar keinem eigenen Nachwuchs kam. Das mag gesundheitlich bedingt sein beziehungsweise andere Gründe haben.

Im Alter kann alles nur gut getragen sein, wenn Jüngere nachkommen. Insofern sind das Fragen, welche jeden Erwachsenen betreffen – eben auch bis in eine Finanzierung von wertvollen Erziehungseinrichtungen hinein.

Kinder sind die Zukunft, das ist nun einmal kaum umfassend genug zu formulieren. Doch auch für die gegenwärtige Gesellschaftssituation mögen die freien Bildungsstätten als anregendste Brennpunkte des Kulturlebens gelten. Erfrischendste Lebensimpulse für die gesamte Gesellschaft können davon ausströmen. Hier lässt sich unmittelbar an dem teilnehmen, was am meisten anregend ist für die momentane geistige, künstlerische oder auch soziale Weiterentwicklung.

Ohne freie Kultur hängt alles zu sehr in materiellen Angelegenheiten fest.

Bloße Belange von äußerer Organisation oder Ökonomie herrschen vor und es fehlen darüber hinausleitende Zukunftsaussichten.

Letztere eröffnen sich nur über ein wahrhaft schöpferisches Geistesleben. Und dieses ist gerade im technologischen Zeitalter am meisten auf das angewiesen, was junge Menschen neu in die Welt tragen.

Gutgehen kann dies nur, wenn die Nachkommen auf passende Rahmenbedingungen treffen. Ansonsten verschlimmert sich eher vieles im Sozialen und ist noch stärker missleitet.

Weltenschulen schaffen

Unerhört viel ist errungen, wenn in jungen Menschen die Ahnung dämmert, dass sie über ein Selbst verfügen, das sie durchs ganze Leben tragen kann. Darauf lässt sich bauen, nicht auf äußerlich schwankende Weltverhältnisse.

Jemand dazu hinzuführen, ein immer kraftvolleres freies Ich zu entwickeln, was kann es Wertvolleres geben in allem pädagogischen Bestreben? Damit vermag der Einzelne sich auf etwas zu stützen, das ihn nie mehr verlassen muss – wenn das energisch genug erfahren und einbezogen wurde.

Die eigene Selbstheit soll den Leib als immer besseres Instrument nutzen, gute mitmenschliche Beziehungen pflegen und in sonstige Weltangelegenheiten eingreifen. Sie soll stets klarer sowie getreuer zum eigentlichen Lebensgeleit werden.

Das Gegenteil von irgendwelcher Anpassung an äußere Umstände ist hiermit gemeint. Dem Menschen kann ein ständig noch beweglicheres Gestalten von ihnen gelingen, statt diesen untertan zu sein.

Alles persönliche Weiterkommen soll letztlich einmünden ins kreative Mitarbeiten am Weltenfortgang insgesamt. Ja eine Schule soll mit ihren oberen Klassen schon vorwiegend daran orientiert sein, wie sich ein möglichst sinnvoller Übergang vollzieht in weitere Studien oder ins praktische Umsetzen des Gelernten.

Weil nun entscheidende Prozesse der Gesellschaft immer intensiver ins Gebiet elektronischer Automatenhaftigkeit verlagert sind, ist das Durchschauen dessen, was hierbei abläuft, stets wichtiger. Ein bestmögliches Verstehen dessen muss hinzutreten, was durch die Technik und auch auf ökonomischem Bereich geschieht.

Förderlich kann es hierbei sein, wenn irgendwelche Produkte aus Werkstätten oder auch von einer Schule bis in den Verkauf hinein berechnet und begleitet sind. Das mag sogar vorbereiten, selber mal in einem diesbezüglichen Bereich tätig zu werden.

Generell sollte für alle Oberstufenschüler wesentlich sein, dass sie ein teilnehmendes Verständnis an dem entwickeln, was die gesamte Gesellschaft prägt und beeinflusst. Ansonsten wächst der junge Mensch wie träumend ins soziale Geschehen hinein, ohne richtig zu wissen, was mit ihm geschieht.

Abgelebte Zeiten beherrschten die Schule lange sehr, aber nun auch oft bloß technische Gegebenheiten. Stattdessen braucht es echte Lebenskunde, welche angemessen in das hineinführt, womit der Mensch täglich zu tun hat.

Früher lief vor allem der Versuch, das zu vermitteln, was für vorherige Generationen kennzeichnend war. Jetzt herrschen zu einseitige kommerzielle Kriterien vor.

Beides zielt an einer gesunden menschlich-sozialen Orientierung vorbei. Eigentlich müsste sich alles umkehren, indem Schulen auf das ausgerichtet sind, was Jüngere in kommenden Zeiten erwartet.

Solches verlangt Pädagogen, die besonders offen sind für neu Hereintretendes. Ein Ideal sollte sein, der jeweiligen Gegenwart voranzuschreiten, nicht ihr nachzulaufen.

Deshalb ist all das so unverzichtbar, was mit künstlerischer Kreativität in Verbindung steht. Denn nur dadurch kann es gelingen, jenen „Sinn für das Kommende" auszubilden, auf den der sprachkundige Johann Wolfgang Ernst aufmerksam machte.

Völlig klar sein sollte dann, dass nicht irgendwelche Staatsauflagen oder Wirtschaftsinteressen die Inhalte des Schullebens bestimmen dürfen. Im Grunde ist nur genug Mut nötig, sich auf das einzulassen, was an tief verborgenen Anliegen in den neu sich verkörpernden Menschenseelen selber schlummert.

Dort ist Zukünftiges nahe, nicht in momentanen irdischen Situationen. Geradezu als ein – leider massenhaft ablaufendes – Seelenverbrechen muss es bezeichnet werden, wenn das Erziehen eine bloße Anpassung an äußere Verhältnisse betreibt.

Vielmehr sollte solch ein Stärken der Einzelseelen stattfinden, dass daraus ein kraftvoller Impuls zum Weltverändern entströmt. Ja dies kann in der Schule selber beginnen.

Alternativen zum bisherigen Gesellschaftsverlauf sollten dort schon kennengelernt und ansatzweise erprobt werden. Bis in den Geldumgang kann das zum Beispiel reichen.

Solches braucht keineswegs frommer Wunsch zu bleiben. Es ist tatsächlich so, dass aus Oberstufenprojekten im bayerischen Prien (Chiemgau) oder im österreichischen Graz bereits Komplementärgeldinitiativen hervorwuchsen. Das kann für ganze Regionen neue soziale Impulse geben.

Also, im Unterricht nebenbei so etwas wie eine Bank begründen! Einem der allerschwierigsten globalen Problembereiche ist eine heilsame Korrektur entgegenzusetzen.

Wenn das weitere Kreise zieht, kann irgendwann bestätigt werden, dass es nun am meisten die Himmelsgaben junger Menschen sind, welche unsere Welt weiterbringen. Freilich darf nie die heilsame Erdung vergessen bleiben!

Konkret heißt das, dass auch Einblick in die Finanzflüsse der eigenen Schulgemeinschaft gegeben und eventuell da bereits Verbesserungsvorschläge gemacht werden sollten. Nicht selten geht viel Energie durch nachlässige Gebäudenutzung verloren.

Falls junge Menschen dazu bewegt werden können, alles verantwortlich mitzukontrollieren und Gelder aus Einsparungen auch wieder in schulische Projekte zurückfließen, ist gleich Mehrfaches gewonnen: für ökologische Nachhaltigkeit, fürs diesbezügliche Motivieren von Heranwachsenden und in Hinsicht auf die Finanzsituation der eigenen Einrichtung.

Es ist sowieso verkehrt, wenn Weltverbesserung nur gepredigt und das Umsetzen auf spätere Zeiten verlegt wird. So setzt sich ein Wegschieben hiervon fort und alle leiden weiter darunter. Sinnvolles Zukunftsbeginnen hat im Hier und Heute anzusetzen, sonst wird es nie kommen. Die Schule kann der maßgebliche Ort dafür sein. Dort trifft das, was an Neuem von den Seelen junger Menschen mitgebracht wird, auf die Forderungen des übrigen Gesellschaftslebens.

Das kleine Kind soll einen Schonraum haben. Äußere soziale Bedingungen dürfen noch keine große Rolle spielen. Es wäre möglichst frei hiervon zu lassen.

Hingegen steht die Schule meist schon zu sehr unter dem Druck dessen, was die gegenwärtige Gesellschaft erwartet. Das sollten Eltern und Lehrer aber nicht noch forcieren, sondern auf Seiten der Heranwachsenden stehen.

Deren Entwicklung gilt es voranzubringen, statt vor irgendwelchen staatlichen Vorschriften zu kapitulieren. Im Gegenteil muss die Schule möglichst unabhängig sein.

Gewiss wäre vom Umkreis her einzubeziehen, was förderlich ist für ein Vorankommen von den Jüngeren. Aber sie dürften auf keinen Fall bereits Opfer irgendwelcher Gesellschaftsdiktate werden.

Ebensowenig sollten irgendwelche Theorien examinierter Erziehungstheoretiker an den Kindern ausprobiert werden. Vielmehr müssten letztere der eigentliche Maßstab für alles pädagogische Handeln bleiben.

Im Mittelpunkt von allem erzieherischen Streben kann und darf nur das Kind und dessen Werden stehen, statt dass man sich Staatsvorgaben oder theoretisch-intellektuellen Vorstellungen zu beugen hat. Das läuft meist auf Kosten junger Menschen ab.

56

Die Erziehungsziele liegen im Kind selber, nicht irgendwo draußen. Eltern, Lehrer oder sonstige pädagogische Begleiter sollen sich daran orientieren und dies unterstützen.

Zugleich bedarf es auch guter, ja anspornender Lern-, Arbeits- sowie Gemeinschaftsprozesse unter Erwachsenen selber. Dann ist bereits sehr viel für die Kinder getan.

Sie brauchen etwas Vorbildliches, zu dem sich aufschauen und ihm nachstreben lässt. Was wir modellhaft vorleben, wirkt am meisten und besten auf das Kind.

Modernes Menschentum im besten Verständnis des Wortes sollte vor allem sein: ein befeuerndes Interesse für andere und die Welt pflegen. Ferner wären Lebensmodelle zu entwickeln, welche bis in den ökologischen Naturbezug hinein beispielhaft sind fürs weitere Zukunftswerden.

Weder bloß an alten, scheinbar noch intakten Kulturzeiten festhalten soll die Schule – weil sie sowieso stets mehr bröckeln. Schon gar nicht dürfte sie sich aber an materialistische Technologiezwänge verlieren, welche Seelen fesseln und das Schicksal der Erde völlig niederziehend verraten.

Um einen ausgeglichenen Weg zwischen Himmelskräften und Erdenstofflichkeit geht es. Immerfort sollte bereits veranlagt werden, was den gemeinsamen Fortgang der Menschheit ermöglicht sowie auch absichert.

Sich selbst mit Leib, Seele und Geist sollen junge Menschen zunächst kraftvoll ergreifen lernen. Sodann vermag die Schule jedoch Pfade zu bereiten für ein Voranbringen der gesamten Gesellschaft. Insbesondere kann dies dadurch gefördert werden, dass interessante Persönlichkeiten einzuladen oder Stätten aufzuspüren sind, welche Lehrreiches praktizieren, das wertvoll ist für die Lebenswege der Jüngeren sowie fürs soziale Leben generell.

Stellt das Erziehungswesen zunächst einen bergenden, schützenden Hort fürs kindliche Entfalten dar, so wandelt sich all-

mählich alles zu einem beziehungsreichen Hafen: in den ein-
fährt, was wichtig ist fürs weitere Menschenwerden. Beziehungsweise von dem aus regelmäßig losgezogen wird, um ge-
eignete Lernorte aufzusuchen! Danach kann es wichtig sein,
wieder am vertrauten Ausgangsplatz innezuhalten, Aufge-
nommenes zu verdauen und neue übende Schritte ins praktische Leben hinein vorzubereiten.

Für einen Kindergarten braucht es eine gewisse dörfliche Ab-
gelegenheit – was auch durchaus innerhalb einer städtischen
Ansiedlung sein mag. Aber es muss dann am meisten auf ein
gutes Geschütztsein geachtet werden.

Die Schule gleicht bereits einem richtigen Begegnungsgeschehen, wo Wertvolles aus aller Welt sich trifft. Trotzdem sollte
auch das noch mit in einer möglichst ruhigen, natürlichen Umgebung verbunden sein.

Mehr ab der Oberstufe mag es dann öfters hinausgehen zu
weiteren sinnvollen Wirkensstätten. Von dort können richtige
Aufgaben mitgebracht werden, die es in eigenen Projekten
weiter auszuarbeiten gilt.

Die Oberstufenschule mag ständigen Werkstattcharakter haben. Nicht Althergebrachtes ist einzurichtern, sondern Jugendliche sind auf ein kommendes Gesellschaftsleben vorzubereiten – das sie maßgeblich mitzutragen haben: ausgehend von
ihren individuellen Bedürftigkeiten, über zwischenmenschli-
chen Austausch und durch kreatives Sich-Anregen, bis hin zu
anfänglichen konkreten Handlungsschritten.

Eine Oberschule hat sich selber stets neu zu bilden. Dem rea-
len Leben gilt es so schöpferisch wie nur möglich zu begegnen
– nicht unterordnend, vielmehr aktiv mitgestaltend.

Als ein geradezu heiliger Auftrag müsste erkannt werden, dass
jede Jugend ihr Recht auf Anderssein hat. Sie soll etwas Neues
in die Welt bringen!

Vom herkömmlichen Gesellschaftstreiben aus tritt den Jüngeren mehr als genug Hemmendes entgegen. Deshalb braucht es Lehrer und weitere Erwachsene, welche vorrangig das unterstützen, was an sozialen Wandlungsprozessen einzusetzen hat. Energisches Selbstbehaupten ist hier genauso entscheidend wie eine Flexibilität im Umgang mit weltlichen Herausforderungen. Sozusagen ein Pfadfindertum mit allen Jüngeren wäre anzustreben.

Wege müssen gebahnt oder mitunter ganz neu geschaffen werden, die uns in eine erstrebenswerte Zukunft führen durch gesünderen Einklang mit der Natur sowie friedvolles menschliches Miteinander. All das ist nur denkbar über eine genügende geistig-schöpferische Aktivierung jedes Einzelnen.

Sehr entscheidend können elementare, aufeinander aufbauende ganzheitliche Lernschritte sein, etwa vom Aussähen des Korns aus, übers Ernten, Mahlen und Backen – bis hin zum Brot. Das ist sonst nur noch auf einzelnen Bauernhöfen zu erleben oder eben in einer Schule, die ihren Namen verdient.

Auch das Pflanzen von Bäumen, ein Schlagen von Holz und dessen weitere Verarbeitung, etwa bis hin zum Errichten eines Gartenhäuschens, ist eine Hilfe, um besser ins Leben hineinzukommen. Wenn dann noch ein Ofen mit Kochplatte und Warmwassertank dazukommt, ferner Solarzellen mit einer Batterie fürs Beleuchten, so kann zur Not dort gewohnt werden.

Was gibt das im Kleinen schon für eine soziale Sicherheit! Wenn es nötig ist, kann ich mich auf jeden Fall behaupten, egal welche Zeiten kommen mögen!

So wird Schule zum Ort, der eine Vertrauensgrundlage fürs Erdendasein vermittelt. Zumindest ansatzweise sollte veranlagt werden, was die gesamten zivilisatorischen Bedingungen selbständig zugänglich macht und verantwortlich nutzen lässt.

Möge nachfolgen was will, der junge Mensch sollte imstande sein zu einem mutvollen Bewältigen hiervon. Mindestens genauso bedeutsam ist die Befähigung zum partnerschaftlich-dialogischen Zusammenarbeiten mit anderen.

Wir müssen uns nicht wundern, wenn heute so vieles in sozialen Beziehungen scheitert und zerbricht. Schließlich wird durch ein fehlorientiertes Bildungssystem vor allem das gegenseitige Rivalisieren gelernt!

Später ernten wir die Folgen dieser falschen Weichenstellungen während besonders wichtiger Entscheidungsphasen in der Jugendzeit.

Es kann auch umgekehrt laufen, indem vor allem angeregt und geübt wird, was mit kooperativen Seelenqualitäten zusammenhängt. Bloß individualisierende kopfmäßige Distanzierungsprozesse sind dafür unzureichend, ja im Übermaß sogar schädlich.

Herzhafte Zuwendungskräfte wären genügend zu fördern. Ohne diese bleibt alles Freiheitsbemühen im bloßen Sich-Abgrenzen stecken.

Nur wenn das Herz dabei ist, geht die Fülle des Menschseins auf und wir finden zu einem konstruktiven Weltbetätigen – ohne anderen etwas aufzudrängen.

Rücksichtsvoller Umgang miteinander wird nur übers Herzensempfinden möglich. Von dort aus spüren wir, was auch für Mitmenschen angemessen ist und nicht bloß fürs eigene Wesen.

Eine Schule, welche lediglich der Kopfesbildung dient, sperrt den Menschen in sich selber ein. Er kreist einzig um Eigeninteressen, anstatt Brücken zur Welt hin aufzubauen.

Nicht auf fertige Abschlüsse soll die Schule abzielen, sondern vielfältige Übergänge ins Leben einleiten. Der junge Mensch muss stufenweise seinen Weg ins irdische Weltendasein erobern.

Dafür wären viele Möglichkeiten offenzuhalten und nicht irgendwelche Klassifizierungen zu schaffen. Letztere belasten die Zaghaften noch mehr. Ehrgeizige werden in oft einseitiger Weise angestachelt.

Zu sehr will die Bildung da etwas von oben herab bestimmen. Das kann lebenslange Seelenhemmungen erzeugen. Und es schafft größere Gegensätze zwischen den Menschen.

Weit bedeutsamer ist der Strom von unten herauf. Schon beim kleinen Kind ist eine unglaubliche Gliederbeweglichkeit veranlagt. Daran gilt es anzuknüpfen und ein hiermit verwobenes Schöpfertum ins Geistig-Seelische überzuleiten. Einen kreativen Schwung fürs ganze weitere biographische Werden kann dies verleihen. Kopfmäßiges wird aufgelockert und weiter bildsam gehalten.

Das Gegenteil ist eher von Übel. Allzu frühe Kopfesbelastung schneidet den Menschen von seiner eigenen Schöpferquelle ab.

Dass sich das Blut aus dem Knochenmark heraus erneuert, das bietet ein schönes Beispiel fürs Belebtwerden insgesamt aus der Gliedmaßenaktivität heraus. Erst muss Bewegung stattfinden, dann kann ein Besinnen folgen.

Wir holen das Kind gewissermaßen von seiner eigenen Zukunft her ab. Nicht nur Denker sollen im Sinne von Friedrich Nietzsche zu Tänzern werden, sondern auch Lehrer durch ihre innere Bewegtheit.

Entstehen kann ein hellsichtiger Umgang mit dem, was die Kinder selber neu in unsere Welt hereintragen. Dadurch mag es gelingen, dass Zukünftiges für uns realer wird als alles momentan äußerlich Existierende.

Sodann werden verändernde Impulse in die Gegenwart einziehen. Wenn wir dieser Zukunftswirklichkeit um oder hinter dem Kindeswesen nicht in größter Ernsthaftigkeit entgegenschreiten, muss notwendigerweise einiges davon sehr tumulthaft in unsere Welt einbrechen.

Was nicht hilfreich empfangen wird, kann sich zerstörerisch auswirken. Ist das von den Jüngeren Mitgebrachte zu sehr ins Materielle niedergezogen, droht nicht weniges davon ins Gegenteil abzurutschen.

Entweder also echte Erziehungskunst oder sonst leider ein ziemliches Generationendesaster. Falls wir dem nicht lebendig genug begegnen, was die Nachkommen auf die Erde mitbringen, tritt vieles entstellt zum Vorschein.

Statt einer Zukunftspädagogik haben wir dann mehr Vergangenheitsmisere. Altes bäumt sich auf, Neues wird verzerrt. Längst überzogener Materialismus erfährt noch eine Aufblähung.

Ganze Jugendgenerationen können auf Abwege geraten. In schrecklichster Form geschah dies schon im Nationalsozialismus. Danach kam es zwar vor dem Ende des 20. Jahrhunderts zu beachtlichen sozialen, ökologischen sowie auch spirituellen Aufbrüchen.

Doch folgte wiederum ein massivstes Entgleiten in eine Unzahl von weltweiten Ablenkungen, insbesondere mit der Elektronik. Scheinbar läuft da vieles sehr kommunikativ, dennoch rutscht das meiste in schlimmste materialistische Seelenfesselungen ab.

Letztlich können dann nur Globalkrisen zu einem richtigen Wachrütteln führen. Auch die Pädagogik muss darauf reagieren. Das heißt, sie bedarf nun einer menschheitlichen Ausrichtung.

Am meisten belastet sind die ökologischen Verhältnisse. Inzwischen steht das Schicksal der gesamten Erde auf dem Spiel, vor allem über klimatische Beeinträchtigungen.

Hier sind elektronische Netze inzwischen größte Mitverursacher, oft mehr als der Flugverkehr. Dies hängt mit einem gewaltigen Energiebedarf zusammen, um einerseits Abermillionen von Computern in Verbindung zu halten, zum anderen wegen dem Kühlen der großen Datenzentren – was mehr Elektrizität benötigt als ganze Großstädte.

Schon deshalb sollte der Gebrauch diesbezüglicher Gerätschaften äußerst reduziert ablaufen. Aber genauso gilt dies infolge massiver Funkbelastung durch drahtloses Telefon, Internet und so weiter.

Der sogenannte Elektrosmog wird ebenfalls zur gigantischen Belastung für den Menschen und empfindlichere Tiere (Bienen zum Beispiel). Das attackiert bis ins Innerste hinein.

Da ist es ein Fortschritt, wenn Schulen zur mobilfunkfreien Zone erklärt werden. Dies geschieht vielfach deshalb, um überhaupt erst wieder ungestört unterrichten zu können – oder die Pausenzeiten freizuhalten von schlimmen Gewaltszenen und pornographischem Zeug auf kleinen Bildschirmen.

Ein erzieherischer Glücksfall sondergleichen war, dass Oberstufenschüler an jener Einrichtung auf der Stuttgarter Uhlandshöhe, wo die Waldorfpädagogik überhaupt entstand, solch ein Gerät entwickelten: Dieses gibt einen Piepton von sich, wenn auch nur ein Schüler (oder Lehrer) sein Mobilfunkgerät auf Laufbereitschaft einstellt.

Dann piept es solange, bis das wieder ausgeschaltet ist. Ganz offensichtlich wird so, wie jedes einzelne empfangsbereite Gerät den Elektrosmog im Raum erhöht!

Die Solvik-Schule in Järna (Schweden) hat bei neuen Bauten das altbekannte Lehmmaterial verwendet. Auch das hält die Mobilfunkstrahlung ab, so dass kein entsprechendes Gerät im Innern funktioniert. (Allerdings dürfen nicht größere Fenster eingebaut sein oder es müssen ins Glas noch Metallfäden eingefügt werden, um die elektromagnetischen Wellen abzuhalten.)

Generell sollte eine zeitgemäße Pädagogik an dem orientiert sein, was sich als ökologischer Humanismus bezeichnen lässt. Dieser beinhaltet den Einklang zwischen Mensch und Natur –

so harmonisch, auch rücksichtsvoll wie möglich auf dem Weg in einen Zukunftskosmos hinein.

Jeder, der sowohl lernt oder auch lehrt, ist letztlich ein Mitarbeiter am Fortgang der Erde: dass sie nicht bloß vergeht, sondern Wesentliches neu aus ihr erblühe.

Sich selber sowie andere dafür zu aktivieren, nichts kann großartiger sein. Mag es zunächst auch nur bei anfänglichen Schritten bleiben, diese sollten gerade deshalb schönster Ansporn werden, auf dass Jüngere zum desto besseren Weitermachen motiviert werden.

Eigentlich ist in der Spielfreude des Kindes bereits die Befähigung zu einer Schöpfungsbeteiligung veranlagt. Die Schule und alles weitere Ausbilden sollten hier anknüpfen, anstatt das auszutreiben.

Kreatives Engagement gilt es zu unterstützen, so dass dieses immer konkreter und sicherer sich fortsetzen kann. Höchst bedeutsam ist zuerst die Zweckfreiheit des kindlichen Spiels. Dadurch gestattet es das selbständige Entfalten des Einzelmenschen am besten.

Eine gehaltvollere Ausrichtung kann in der Schulzeit hinzutreten. Doch soll alles in künstlerischem Fluss bleiben. Ansonsten stockt und erstarrt vieles beim späteren arbeitenden Sich-Betätigen. Im Alter sind dann zahlreiche Menschen oft sogar insgesamt in Körper, Seele und Geist verbraucht.

Völlig anders kann dies sein, wenn Spielerisch-Kindliches sich mit verwandelt. Mittels viel Bewegtheit braucht der Mensch in späteren Lebensschwierigkeiten nicht zu stagnieren, sondern wird auch diese möglichst schöpferisch anzugehen versuchen.

Weder starrsinnig dürfen wir da sein noch zu leichtfertig bleiben. Der entscheidende Schlüssel liegt im rhythmischen Bemühen. Stets neu gilt es anzusetzen, bis auch hartnäckigste Widerstände sich aufweichen und wir zuvor daran wachsen.

Mit zum ermutigendsten Lebensmotiv kann das werden: Ich lasse nicht nach, um aus dem Hemmenden etwas Förderliches zu machen.

Freilich ist zu diesbezüglicher Befähigung eine Vielfalt an Lernangeboten nötig, ebenso das epochenweise Dranbleiben an Einzelthemen. Beides muss in einem ausgewogenen Verhältnis zueinander stehen: sowohl mit genug Abwechslung als auch einer rhythmischen Kontinuität.

Ähnlich wie das zu jedem organischen Prozess gehört! Stets bedarf es eines lebendigen Austausches mit der Umgebung, aber auch ausreichender eigener innerer Verarbeitung.

Das Gegenteil von jeder bloß ausgedachten Organisation ist hier gefordert. Diese zieht ihre Pläne durch auf Kosten menschlicher Seelenhaftigkeit. Mehr als angepasste Staatsuntertanen oder Wirtschaftsdiener kommen da nicht heraus.

In der Freizeit müssen sie sich allerdings desto ungehemmter ausleben! Auch solches fängt stets mehr schon im Jugendalter an, nicht selten heftiger als bei Erwachsenen.

So rächt sich die schulische Seelenunterdrückung. Desto heftiger wird das zu kompensieren versucht durch ekstatisches Freizeitvergnügen, bis in suchtartige Folgen hinein.

Also, besser mehr echte Entfaltungsfreude in der Schule als Fortsetzung eines lebhaften Kindergartenaufenthaltes. Ein seelisches Verwundern aus den frühen Jahren kann sich transformieren zum jugendlichen Forscherdrang.

Dabei macht jeder Mensch in seiner Biographie etwas wie eine innere Erneuerungszeit durch. Das ins Irdische hinein erwachende Ich entdeckt für sich noch einmal die Welt. Dies hängt mit echter Selbsterfahrung zusammen.

Mein Ich und die Welt sind innigst aufeinander angewiesen, kann als Botschaft daraus mitgenommen werden. Wenn das wahrhaft zündet, ist eine damit verbundene Lebensflamme unsere gesamte Erdenexistenz hindurch weiter am Brennen zu halten.

Sehr weitreichende Lernliebe bedeutet das, welche uns über die Erwachsenenphase hinaus bis ins Alter befeuern kann. Andernfalls scheint das Leben bereits gelaufen zu sein, bevor es richtig begonnen hat.

Was in der Jugendzeit angelegt wird, kann durchs gesamte Erdenleben andauern. Natürlich sollte dies jeweils von der sozialen Umgebung mitgefördert sein: von Eltern, Lehrern und sonstigen Unterstützern.

Wesentlich ist, dass der Mensch lernfähig bleibt auf seinem gesamten Biographieweg. Das nur leitet in die Zukunft.

Träger neuer Lebensimpulse kann einzig das jeweilige Individuum sein. Je sicherer es auf sich bauen kann, desto besser wird es mit dem irdischen Dasein zurechtkommen.

Am Ich bilden, um in der Zukunftswelt zu bestehen, das gehört zum Kern des erzieherischen Auftrages. Hierzu anregen kann als lehrende Person nur, wer genügend eigene individuelle Selbständigkeit besitzt.

Allein ein freies Erziehungswesen vermag solches zu vermitteln. Wo zuviel staatliche oder ökonomische Interessen einen Einfluss haben, wird dies von vornherein behindert.

Mit jeder Jugendgeneration hat sich die Pädagogik neu zu erfinden. Sie kann ihre Ausgestaltung nur im ringenden Begegnen mit den Heranwachsenden selber erfahren.

Streng verstanden braucht der jeweilige Einzelne seine eigene Schule, entstehend aus dem lebendigen Austausch mit der Umgebung. Obwohl es eine Zeitlang in einer Gruppe von Jüngeren ähnlichen Alters geschieht, darf nie vergessen werden, dass das lediglich ein vorläufiges Ereignis ist.

Entscheidend bleibt, was der Schüler für sich mitnimmt an geistigen, kreativen, sozialen sowie praktischen Anregungen. Deren Wecken und Fördern sollte maßgeblich sein.

Impulsator dessen, was eine Gesellschaft voranbringt, kann nur das einzelne Ich-Wesen werden. Was diesem weiterhilft, darauf hat die Erziehung vor allem zu achten.

Je mehr Menschen da sind, in welchem eine freie Individualentwicklung genug Platz gegriffen hat, um so weniger müssen wir uns Sorgen machen wegen dem eigentlichen Zukunftswerden. Denn letzteres ist dann bereits voll im Gange, eben in den Einzelpersönlichkeiten.

Darin nur kann das eigentliche pädagogische Ziel liegen: dass jede Individualität sich und ihren Weg durchs Leben selber zu bestimmen vermag.

Nicht irgendwelche Normierungen sind wesentlich, sondern ein genügendes Befähigen für freies Weiterentwickeln. Alle Bürger sollten größtes Interesse daran haben, dass ein bestmögliches Unterstützen persönlicher Talente stattfindet. Desto reicher kann der gesamtgesellschaftliche Fortgang sein.

Keine immer fertigeren Abschlüsse hat eine schulische Oberstufe anzustreben. Vielmehr wäre ein stets vielfältigeres Individualisieren angesagt.

Fließenden Wechsel sollte es zwischen Schulen, weiteren Ausbildungen oder Studien und dem übrigen Leben geben. Mancherlei muss ausprobiert werden, bis der junge Mensch genug Fuß fasst im sonstigen sozialen Dasein.

Wird das beweglich genug gehandhabt, braucht niemand mehr hängenzubleiben. Wer nicht irgendwo hineinfindet, sollte unterstützt werden beim Aufbauen von ganz neuen Sozialformen. Gerade das, was der Gesellschaft an zukunftsträchtigen ökologischen, künstlerischen und sonstigen Initiativen noch fehlt, kann dann mit Hilfe von Jüngeren aufzubauen sein. Es wäre also keine Tragik, wenn ein Sich-Einfügen ins Bestehende misslingt.

Freie Jugendseminare könnten das ausgleichen, wo sich entscheidende Schritte in zukünftige Lebensfelder hinein erarbeiten lassen. Forschungsplätze, Ateliers oder Werkstätten für neue menschliche Werdewelten würden sich ergeben.

Aufzugreifen wäre, was in der heutigen Gesellschaft schon pionierhaft ist in bezug auf hoffnungsvolle kulturelle, politische sowie wirtschaftliche Projekte. Vor allem sollten alternative Entwicklungen mitzuerproben sein, etwa einen sanften Technikwandel betreffend. Wenn sich da nicht Gravierendes ändert, ruinieren wir das gesamte Erdenschicksal.

Ein breites Angebot an gesünderen Pfaden in kommende Zeiten hinein sollte mit jüngeren Leuten entdeckt und ausgebaut werden. Nicht weniges kann so bereits ihre späteren Berufstätigkeiten mit vorbereiten. Ehrlich angeschaut dürften wir auf kaum einem Gebiet einfach so weitermachen wie bisher!

Ob es nun das Rohstoffbenutzen, Ernährungsthemen, Energieangelegenheiten, Verkehrsmittel, Geldfragen sind: Bereits in frühen Jahren muss eine gewandelte Verantwortlichkeit in den Weltbezug einziehen. Sonst ist insbesondere eine drohende Klimakatastrophe nicht abzuwenden.

Interessanteste wertvolle Ansätze zu einem heilsameren Umgang mit der Natur und dem Sozialen sollten einer folgenden Generation schon von Kindheit an begegnen, um immer selbstverständlicher im Alltag zu werden. Einzig dann lässt sich verhindern, dass wir die Atmosphäre und das übrige Umweltgeschehen völlig zerrütten. Dies müsste sonst ein menschheitliches Weiterexistieren vereiteln.

Mit dem Sonnenheiland lernen

Biographisches Werden ist auch eine soziale Angelegenheit. Der Einzelne braucht Anregungen von unerhört vielen anderen Menschen, um immer mehr sich selbst zu werden.

Letztlich reicht das bis in eine globale Dimension. Wir benötigen Impulse aus zahlreichen Weltbereichen, um das eigene Wesen ausgewogen genug voranzubringen.

Eine möglichst große Diversität von außen her ist nötig. Desto reicher kann sodann werden, was als Integrationsgeschehen durch das individuelle Ich stattfindet.

Schon die Leibesgeburt dauert weit über das Verlassen des Mutterleibes hinaus. Insgesamt dienen die ersten sieben Lebensjahre am meisten dem gekonnten Ergreifen der eigenen Körperlichkeit und dem geschickten Umgang mit ihr.

Dann schließt sich die Seelengeburt an. Am intensivsten hängt diese mit der Schulzeit im engeren Sinne zwischen sieben und 14 Jahren zusammen.

So dass sich sagen lässt: Die Schule wird insbesondere Geburtsstätte für das Seelisch-Persönliche, damit dieses gut ins Leben gelangt und selbständig voranschreitet.

Dies jedoch kann nur gut gelingen in Verbindung mit einer Geistgeburt, welche sich in der Zeit zwischen 14 und 21 vorbereitet, also mit Oberstufe und Hochschule oder Lehrzeit zusammen.

Eigentlich benötigen wir die ganze weitere Zeit zwischen 21 und 42, um eine schöpferische Ich-Qualität genügend zur Entfaltung zu bringen. Dann kann diese fruchtbar weitertragen – über das jetzige Dasein hinaus.

Ab der Zeit nach 42 geht erst die volle Erdenfruchtbarkeit auf. Vieles hat darauf vorzubereiten mit genügendem geistigem Stabilisieren sowie sozialem Einbetten, bis hin zum Weiterführen vom Familienbegründen.

Auf jeden Fall können es noch mehrere Jahrzehnte sein, die dem Beitragen zur Allgemeinentwicklung und einer Zukunftsarbeit an der eigenen Individualität gewidmet sein mögen.

Grundsätzlich gilt eher immer mehr: Das gesamte Leben stellt eine Schule dar.

Zunächst wäre die Befähigung zum Lernen zu wecken. Eine positiv ansteckende Freude daran soll vermittelt werden, um möglichst lebenslang anzuhalten.

Äußeres Wachstum muss rechtzeitig wieder eingedämmt sein. Aber inneres Sich-Ausweiten darf bis ins Alter zunehmen.

Als stets wichtigerer Ausgleich zur schwächer werdenden Leiblichkeit muss das gelten. Und es bedarf nicht bloß individueller geistig-seelischer Bemühungen, sondern auch viel gemeinsames Lernbestreben.

Wie schön ist es, wenn dafür auch genug Lernstätten vorhanden sind, neu entstehen können und vorhandene andere Gebäude sich umnützen lassen. Lieber etwas weniger Fabriken oder Banken, dafür mehr Örtlichkeiten für kreative Fortbildungsaktivitäten!

Allzu üppiges Konsumieren tut weder uns gut noch der Erde. Gerade das hat stets klarere Grenzen einzuhalten.

Aber dem Lernbemühen brauchen keine Schranken gesetzt bleiben. Überhaupt ist dies das Entscheidendste auf Erden: dass uns selber ein schöpferisches Vorankommen gelingt.

Einzig dann ist eine gesunde Weiterentwicklung von allem anderen garantiert. Mit uns Menschen steht und fällt die Zukunft der Welt immer mehr.

Bisher traf zwar zu, dass die Erde unser Schicksal ist. Ohne sie und das, was sonst noch zu ihr gehört, hätten wir nicht Mensch werden können.

Durch unsere wachsende Verselbständigung gilt jedoch in ansteigendem Maße: Wir werden das Schicksal der Erde.

Alles, was uns umgibt, sollen wir stets besser mitverantworten oder geradezu mittragen. Welch eine Herausforderung, wo älterwerdende Menschen vielfach in größerer Erdenschwere versinken – nicht zuletzt infolge massenhafter Technikabhängigkeit.

Von der Leichtfertigkeit der Kinder schwindet vieles zu schnell dahin. Schon die Jugend und das Erwachsenendasein versacken in Schweregefühlen.

Es kann darum nichts bedeutsamer sein, als etwas von jener spielerischen Lockerheit zurückzuholen, welche im Kindesalter bereits vorhanden war. Wenn es Älteren gelingt, das wiederzugewinnen, kann es zum Beglückendsten der späteren Lebensphasen gehören.

Vieles ist sodann offen und neu wie in früheren Jahren, sowohl den Umgang mit uns selbst als auch anderem in der Welt betreffend. Im Sozialen geht es ebenfalls nur gut voran, wenn jene spielerische Haltung einverwoben wird, ohne die nach Friedrich Schiller kein richtiges Menschsein möglich wäre.

Weder dürfen wir zu dogmatisch festgelegt sein, noch uns allzu sehr von äußeren Erdenzwängen bestimmen lassen. Das Spielerische bleibt locker zwischen beiden Extremen.

Schon ein gutes Gespräch verlangt nach diesbezüglicher Beweglichkeit. Ganz unbefangen gilt es sich auf das einzulassen, was andere Menschen einbringen – ohne sich von ihnen überwältigen zu lassen.

Ebensowenig dürfen eigene Auffassungen nur starr oder stur hingepfahlt werden. Vielmehr sollten unsere Kundgaben wie eine Einladung sein, um Fragen und zu antwortende Einlassungen anzuregen.

Wenn es zu tieferen Übereinstimmungen kommt, ist das nie selbstverständlich, sondern stets ein freudiges Zeugnis für neue

Gemeinsamkeit. Gerade weil wir als Individuen immer mehr uns frei zu behaupten haben und selbstverantwortlich in der Welt dastehen müssen, braucht es desto mehr auch solche Annäherungen.

Indem wir das so Erfahrene in uns zu einer Vertiefung bringen, lässt sich weiterpflegen und besser in die Tat umsetzen, was im gemeinsamen Austausch entdeckt wurde. Solche Beteiligung unserer selbst verstärkt wahre Gemeinschaftlichkeit.

Was wir an Bedeutsamem aus der Begegnung empfangen, soll im eigenen Wesen weiterreifen. Dies vermag dann wiederum das Zusammenwirken mit anderen Menschen zu bereichern.

Am eigenen Seelenwesen arbeiten und es geistig festigen, das sollte am allermeisten unter echter Bildung verstanden werden. Ja dies ist überhaupt die Grundlage für gutes menschliches Vorankommen, sowohl individuell als auch sozial gesehen.

Nur wenn wir in uns selbst gefestigt sind, können wir auch andere Menschen angemessen weiterbringen. Anzuregen wäre das, jedoch ohne sie zu überwältigen.

Im Begegnungsgeschehen kann ein gegenseitiges Sich-Festigen stattfinden. Dann lässt sich auch besser aufs Miteinander bauen und für ein zum Menschen passendes Verändern der Welt zusammenwirken.

All dies stellt somit eine Feier des Lernens insgesamt dar. Am wertvollsten ist, wenn ein Sich-Befeuern zu wachem Schöpfertum gelingt – den Umgang mit uns selbst betreffend sowie auch sämtliche Bezüge zur Welt hin.

Wo Menschen zum Aktivsein gezwungen sein sollen oder ihnen etwas aufgedrängt werden muss, ruft das eher eine Schwächung des individuellen Wesens hervor. Dieses kann nur dort befriedigend zur Entfaltung kommen, wo alles auf echter Freiwilligkeit gründet.

Sobald Zwänge walten, versiegt der Zugang zu den schöpferischen Lebensquellen des Geistes. Diese verlangen ein freies

Innehalten sowie auch das konsequente Umsetzen des Empfangenen.

Mit zum Unfruchtbarsten gehört ein bloßes Palavern – was auch nicht wenige zeitfressende Konferenzen betrifft. Man redet endlos aneinander vorbei und verwässert eher, was zu tun wäre.

Klare konkrete Absprachen sind sehr wohl nötig. Doch nicht fadenscheiniges Gerede ohne tieferen Sinn und Zweck! Das raubt eher die Energie fürs Handeln.

Der Leib bleibt träge, die Seele verstockt und unser Geist blockiert – wenn eine echte schöpferische Befeuerung fehlt. Hilfreich ist hierbei, was mit rhythmischem Bemühen zusammenhängt.

Ob es nun den übenden Bezug zum eigenen Selbst betrifft oder anregende Zusammenkünfte und praktische Handlungsschritte: Je besser wir alles in einem passenden rhythmischen Wechsel vollziehen, desto fruchtbarer kann sich das auswirken. In der gesamten Natur trifft dies zu: Rhythmus bringt die Welt voran. Sämtliches Wachstum beruht auf meist unmerklich kleinen Schüben. Schließlich entsteht aus einem winzigen Samen ein stattlicher Baum mit vielen Früchten.

Solches können wir uns auch sonst zum Vorbild nehmen. Meist gilt es beinahe unzählige Male anzusetzen, damit sich etwas voranbewegt.

Ist die Bemühung ausdauernd und machen genug Menschen mit, kann das zu entscheidendsten Veränderungen führen. Dahinter stehen muss letztlich immer eine liebende Sonnenkraft. Ohne sie würde gar nichts zustandekommen. Täuschen wir uns nicht: Diese Sonnenliebe zeigt sich im Menschenbereich nur, wenn wir uns ehrlich dafür öffnen und sozusagen den inneren Wolkenschleier wegziehen.

Ob dies nun eine Tätigkeit mit Kindern oder erwachsenen Menschen betrifft, stets bedarf es eines Wahrnehmens und

Einbeziehens von Geistessonnenqualitäten, um Gutes bewirken zu können. Mit einer geradezu unantastbaren höheren Würde in jedem ist das verwoben.

Bei kleinen Kindern strahlt geistiges Sonnenleuchten noch aus dem Vorgeburtlichen heraus nach. Hier können wir dem tiefsten Lebensquell aller Pädagogik begegnen.

Mehr als jede noch so tolle erdgebundene Intelligenz ist das. Eine Sonnenweisheit waltet, welche alles Lernen zu einem christushaften Freudenfest emporführt.

Der Sonnenheiland ist letztlich schönster, freiester und universellster Hintergrund von allem Lehren. Im reinen Kindeswesen leuchtet am meisten von ihm auf.

Lernen innerlich wieder jung zu sein, trägt uns am meisten zum lebendigen Christus hin. Er lehrt nicht, sondern stellt göttliche Lebensweisheit selber dar.

In seine Schule zu gehen, heißt immer wieder neu mit sich anzufangen. Eine heilsame Belebung von Grund auf treffen wir an. Mit dem schaffenden Weltenwort können wir uns so unmittelbar verbinden.

Einer schöpferischen Kräftigung von innen her bedarf es den ganzen Biographiegang hindurch. Nur so sind wir imstande, der heutigen Massivität an technischen, finanziellen oder sonstigen weltlichen Herausforderungen entgegenzutreten sowie diese derartig einzugrenzen, dass menschliche Werte ihre Geltung bewahren und auch Naturbelange genügend Schutz erfahren.

Insbesondere was soziale Fähigkeiten betrifft, sind wir auf lebenslange Lernprozesse angewiesen. Immer wieder gilt es anzusetzen, um bessere mitmenschliche Verständigung zu erreichen. Ein stets konsequenteres Einstehen für gesellschaftliche und ökologische Zukunftsbelange wäre außerdem nötig. Doch lässt sich dies niemandem aufdrängen.

Eigenes möglichst vorbildliches Verhalten muss unbedingt dazugehören, schon angefangen von einer ständig neu zu erringenden Befriedung im Seeleninneren. Vor allem auch ein drastischer Abbau von Wildwuchs an unnötigem Ressourcenverbrauch muss sodann hinzukommen. Sonst treten Belastungen bis ins Erdklima hinein auf, welche sich kaum noch ausgleichen lassen.

Was kaum angenommen wird, ist irgendein Bußpredigertum in bezug auf Technikverzicht oder Konsumbeschränkung. Vielmehr wäre mit Freude zu zeigen, um wie viel leichter es sich leben lässt, wenn wir auf maßvollen und möglichst gesunden Verbrauch achten – bereits angefangen bei der Ernährung.

Überhaupt nicht mehr zeitgemäß ist das Durchsetzen irgendwelcher äußerer Herrschaftstendenzen. Es genügt, sich selber gut in der Hand zu haben. Dann entfällt bald von selber das Bedürfnis über andere Menschenschicksale verfügen zu wollen. Richtiges Selbsterziehen erspart einem grundsätzlich vielerlei Rivalitäten. Wer sich selbst genug ist, bedarf keiner Macht über andere.

Schnell einsehen können wir jedoch auch, dass ohne eigenes Seelenwandlungsbestreben nicht mal mit uns selber heilsam ausgekommen wird – geschweige denn mit anderen. Fortwährend ist daran zu arbeiten, das eigene Innere zu harmonisieren.

Nach außen hin gilt es sehr sensibel und suchend voranzuschreiten. Sind wir geistig-seelisch ausreichend gestärkt, lässt sich um so beweglicher mit der Welt umgehen.

Stets nötiger wird das. Die äußeren Weltsituationen sind immer noch ungewohnter oder gar tückischer.

Mit fest vorgegebenen Auffassungen und Programmen liegen wir da von vorn herein falsch. Für diejenigen aber, die sich gerne überraschen lassen, bieten sich zunehmend offene Perspektiven – leider häufig begleitet von riesigen Notständen.

Ohne Vorbehalte sollten wir uns darauf einlassen. Dann mag sich zeigen, dass nach der bekannten Formulierung von Friedrich Hölderlin in der Gefahr auch das Rettende wächst.

Voll zu bejahen ist das, indem wir bedenken: Über ein geschicktes Sich-Behaupten gegenüber allerlei Schwierigkeiten können unsere eigenen Kräfte zunehmen, ja bislang ungekannte Fähigkeiten eine Steigerung erfahren.

Selbst das komplizierteste Ringen mündet so in eine Art von Begnadetsein. Göttliche Hilfe kommt näher, indem wir noch am Widrigen wachsen.

Verlag Ch. Möllmann

Anton Kimpfler:
Vom Sinn des Lebens und dem Ziel der Erde
Unser Freiheitsweg mit der Liebe
ISBN 978-3-89979-194-5

Sich mit der Liebe zu befassen, ist ebenso dringend wie beinahe unmöglich. Nichts mag angebrachter sein und dann auch gleich wieder befremdend.
Trotzdem sich soviel im Leben um die Liebe dreht, erscheint das Thema überhaupt nicht abgenützt.
So ist dieses Thema nicht nur das vielleicht älteste, sondern immer wieder neu.
Nichts ist da überholt, vielmehr jung wie eh und je.
Das Abc der Liebe, nach dem so oft gefragt wird, es ist längst in Gestalt des ganzen Schöpfungsreichtums vorhanden. Wir müssen dies nur begreifen lernen, um daran anknüpfen zu können.
Es umgibt uns in allen Einzelheiten, das Alphabet der Liebe. Die gesamte Welt ist sozusagen ihr Buch.
Unser Lesen darin stellt die wahre Liebesschule dar.

Anton Kimpfler: Gaben der Anthroposophie
Vom Allgemeinmenschlichen der Geisteswissenschaft
ISBN 978-3-89979-122-8

Gibt es Wichtigeres, als zu verstehen, was das Wesen des Menschen betrifft? Alle diesbezüglichen Vorgänge mit höchstem Interesse anzuschauen und auszudrücken, kann Anliegen dessen sein, womit sich die Anthroposophie beschäftigt.
Dabei wird schnell offenkundig, daß der wahre Mensch unsichtbar ist. Wir erfahren einzelneÄußerungen von ihm. Diese entstammen jedoch einer Wesenhaftigkeit, welche hinter allen Sinneserscheinungen liegt...
Die verborgene Menschenwirklichkeit ist eine geistige. Ein waches Anteilnehmen an ihr gehört zum Bemühen anthroposophischer Wissenschaftlichkeit. Das wichtigste Forschungsmittel sind hierbei wir selber: als Gegenstand und Instrument zugleich.

Verlag Ch. Möllmann

Wolfgang Ritter: Initiativen, die die Welt verändern
ISBN 978-3-89979-193-8

Allem Handeln der hier geschilderten Initiativen liegt eine partielle Einsicht zugrunde, wie man die Welt ein Stückchen weit zum Wohle der Gemeinschaft verbessern kann. Alle hier vorgestellten Persönlichkeiten beflügelt also ihre Idee zur guten Tat — und was man mit ihr erreichen kann. Taten aufgrund von Einsicht sind vernünftig. Da aber die Menschen unterschiedliche Einsichten haben und damit das, was vernünftig ist, unterschiedlich interpretieren, muss die individuelle Tat von Willenskraft geprägt sein, um sich gegen Widerstände durchsetzen zu können. Schließlich können wir uns fragen: Was ist alles Tun wert, wenn es nicht begleitet wird von der Liebe zu den Wesen, für die man wirkt?

Jetzt kann ich meine Ausgangsfrage nach dem Gemeinsamen beantworten, was alle von mir besuchten Persönlichkeiten leitet und befeuert: Es ist die Liebe. Die Liebe zur Idee, zur eigenen Tat und zum anderen Wesen. Vernunft gepaart mit Liebe ist die nachhaltige Triebfeder für Initiativen, die die Welt verändern.

Werner Kuhfuss: Die Waldorfkindergartenpädagogik
·Eine Ermunterung, diese einmal
von der Geisteswissenschaft her zu prüfen
ISBN 978-3-89979-036-8

Der vorliegende Text handelt von der Widerlegung eines – zeitgeschichtlich verständlichen und erklärbaren – Irrtums, „Waldorfkindergartenpädagogik" genannt. Dieser Irrtum ist entstanden, indem man die alte, traditionelle Kindergarten-Willenshaltung unbesehen übernommen und sie lediglich mit Versatzstücken einer eng aufgefassten anthroposophischen Menschenkunde ausgestattet hat. Man hat genau das getan, was nach Rudolf Steiner (Vortrag vom 2. Februar 1915) zu vermeiden ist: „Während der Mensch gewöhnlich glaubt, dass er dem Kinde ungeheuer viel sein kann, handelt es sich ... darum, dass er möglichst wenig stört, was heraus will." Das Konzept der „Waldorfkindergartenpädagogik" ist einst aus einem Zeit- und Situationsdruck entstanden. Heute wäre es nötig, eine freie geistige Perspektive zu entwickeln, die die gesamte Anthroposophie, vor allem aber die Philosophie der Freiheit einbezieht. Man könnte diese Perspektive eine „pythagoräische" nennen, als einen Hinweis auf die Mysterienbelehrung, die in den Kindern heute vorhanden ist und die herausgeholt und bestätigt zu werden verlangt. Ein neuer Denkansatz der Kleinkindererziehung ist zeitnotwendig auch, um dem globalen Gespenst der so genannten „Früherziehung" ein Bild entgegenzuhalten, das die wahren, mit der Beweglichkeit verbundenen Intelligenzkräfte im echten, freien Spiel sich entwickeln sieht.